KB247363

김향숙 지음

믿음의 말만 하라

날개미디어

"믿음의 말만 하라"

당신은 믿음의 말만 하고 있습니까?

나는 하나님을 만나고 '말의 중요성'을 깨달았습니다.

야고보 사도는 "혀는 능히 길들일 사람이 없다. 쉬지 아니하는 악이요 죽이는 독이 가득한 것이라"고 했습니다.

사람은 자기 마음에 가득한 것을 입으로 말하는데, 사람의 혀를 길들일 수 있는 분은 성령님뿐이십니다. 성령님은 진리 곧 '사람을 살리는 말씀'만 말하게 하십니다.

성령 받은 사람은 좋은 말만 하지만 믿지 않는 자의 혀에는 사람을 죽이는 독이 가득합니다. 그 안에 믿음이 없으니 '부정적인 말, 저주의 말'이 끝도 없이 나옵니다. 본인은 그렇게 말하는지도 모르고 그게 당연한 것처럼 행동합니다. 그런 자리에 앉아서 어울리지 말아야 합니다.

우리는 하나님을 믿고 예수님을 사랑하고 성령님을 의지하며, 오직 믿음의 말만 하며 살아야 합니다. 그리고 성령님의 음성이 들리면 믿음으로 즉시 순종해야 합니다.

예수님은 십자가에서 우리 대신 물과 피를 쏟으며 죽으시고 부활하셨습니다. 우리의 모든 저주를 십자가에 가져가셨습니다. 그분은 자신을 믿는 자에게 복을 주십니다.

그런데 우리가 그 복을 받아 누리지 못하는 것은 믿음의 말을 하지 않고 부정적인 말을 하기 때문입니다. 믿음의 말이 아니면 한 마디도 하지 말아야 합니다. 예수님은 "네 믿은 대로 될지어다"(마 8:13)라고 하셨습니다.

내 인생을 돌아보니, 하나님의 자녀의 권세와 성령의 능력으로 여기까지 왔음을 고백합니다. 약한 나에게 주님이 찾아와 주시고 성령의 능력으로 승리하게 하셨습니다.

여기까지 오게 하신 하나님께 모든 영광을 돌립니다.

2024년 9월 1일

성령의 사람 김향숙

성령님을 인격적으로 사귀라

당신은 성령님을 아십니까?

나는 성령님을 만났고 그분을 인격적으로 사귑니다.

내 인생의 모든 좋은 것은 성령님의 도우심의 결과입니다. 내 인생에서 성령님을 빼면 아무것도 없습니다.

내가 이렇게 책을 쓸 수 있는 것도 내 안에 게신 성령님이 지혜를 주셨기 때문입니다. "성령님, 감사합니다."

당신도 성령님을 만나야 한다

당신은 성령님을 만났습니까?

우리 모두는 성령님을 인격적으로 만나야 합니다.

성령님은 하나님의 영이시며, 하나님이십니다. 그분은 우리와 함께 계시며, 우리와 함께 살기 원하십니다.

성령님은 인격이 있습니다. 모든 사람은 성령님을 의지하며 그분을 존중히 모시고 살아야 행복해집니다. 성령님을 인정하고 그분께 도움을 구하면 인생이 바뀝니다.

성령님은 상상도 할 수 없는 일을 하게 해주십니다.

그분은 내가 펜을 들어 책을 쓰게 하셨습니다.

성령님을 만나면 인생이 바뀝니다.

성령님께 도움을 구하라

당신은 성령님께 도움을 구합니까?

나는 성령님을 만났지만 오랜 세월 내 자아가 죽지 않아서 많이 힘들었습니다. 성령님은 "항상 기뻐하라. 쉬지 말고 기도하라. 범사에 감사하라"고 말씀하셨지만 나는 그런 믿음이 되지 않았습니다. 그래서 이 말씀이 내 안에서 살아 움직이도록 성령님께 계속 도움을 구했습니다.

당신도 성령님께 도움을 구하기 바랍니다.

이렇게 말씀드리면 됩니다. "성령님, 제가 항상 기뻐하고 쉬지 말고 기도하고 범사에 감사하게 해주세요."

내가 도움을 구하자 성령님이 그렇게 할 수 있도록 도우셨습니다. 성령님은 순간마다 하나님의 말씀이 기억나고 생각나게 하셨고 그 말씀대로 살 수 있는 지혜와 힘, 거룩함을 주셨습니다. 성령님은 최고의 코치이십니다.

우리는 순간마다 성령님을 찾고 그분께 도움을 구해야 합니다. 나도 처음엔 습관이 되지 않아 다시 성령님을 찾고 그분께 도움을 구하곤 했습니다. 습관은 하루아침에 만들어지지 않습니다. 그렇게 살려고 조금씩 연습하다 보면 어느 순간 성령님과 친밀하게 동행하게 됩니다.

성령님과 교제하는 일을 포기하지 마십시오.

금방 안 되어도 멀리 보고 크게 생각하기 바랍니다.

그리고 기도에 헌신하십시오. 예수님이 습관을 따라 오래 기도하셨던 것처럼 당신도 오로지 기도하는 일에 힘쓰기 바랍니다. 오래 기도할 때 기름 부으심이 나타납니다.

나는 아침에 일어나면 모든 악한 생각을 예수 이름으로 몰아내고 성령님께 도움을 구합니다. 방언 기도를 30분쯤 하고 성경을 보며 깨달음을 얻고 말씀을 준비합니다.

그 말씀을 붙들고 하나님께 예배합니다. 그러면 성령님께서 말씀을 자세히 풀어 주시고 담대히 전하게 하십니다.

말씀을 읽어도 이해가 안 되면 성령님께 묻습니다.

'성령님, 이 말씀은 무슨 뜻인가요?'

그러면 놀라운 깨달음을 허락해 주십니다. 그리고 그것을 구체적으로 어떻게 실천해야 할지도 묻습니다.

'성령님, 어떻게 할까요?'

하루는 성령님께서 내게 '아침마다 예배하고 말씀을 전하라. 그것을 녹음해서 카톡으로 보내라'고 하셨습니다.

나는 성령님께 '꼭 이렇게 보내야 하나요?'라고 물어봤습니다. 그러자 성령님은 '그렇게 해야 네가 산다'고 말씀하셨습니다. 그래서 순종하기로 했습니다.

나는 오직 하나님의 마음을 기쁘게 해 드리기로 뜻을 정했습니다. "성령님, 이렇게 하시니 감사합니다."

당신도 가능합니다. 모든 것을 성령님께 묻고 또 바울처럼 영의 기도인 방언을 많이 하기 바랍니다. 그러면 복음 안에서 날마다 승리하는 삶을 살게 됩니다.

당신을 축복합니다.

믿음의 말만 씨앗으로 뿌리라

나를 주의 종으로 부르셨다

당신은 지금 어디에서 예배하고 있습니까?

나는 성령님의 인도하심으로 전에 섬기던 교회에서 나와 집에서 교회를 개척했습니다. 지금은 딸과 손자와 함께 주일 예배를 드립니다. 하나님이 나를 주의 종으로 부르셨습니다. 어느 날 주님께서 내게 말씀하셨습니다.

'너의 가정을 돌보지 않으면 불신자보다 더 악하다.'

그래서 나는 가정에서 기도하며 말씀을 준비해서 전합

니다. 성령님을 의지하여 말씀을 풀어 가르칩니다. 나는 이전보다 더 많이 기도하고 있습니다. 그러자 성령님이 내게 강한 마음을 주셨고 성령의 능력으로 말씀을 잘 가르치게 되었습니다. 예배 후에는 가족이 함께 점심을 먹는데, 식사 준비하는 것도 성령님이 지혜를 주셨습니다.

성령님은 내게 이 모든 것을 감당할 수 있도록 말씀의 씨앗을 뿌리며 영혼을 살리기 위한 영적인 힘과 지혜를 부어 주셨습니다. 나는 1년 동안 계속 그렇게 했습니다. 그러자 딸의 믿음이 좋아지고 가정환경도 좋아졌습니다.

이 모든 것이 말씀과 기도를 통해 가능했습니다.

나는 성령님과 인격적으로 교통하며 그분이 주시는 말씀을 붙들고 기도하므로 승리했습니다. 당신도 성령님을 인정하고 존중하기 바랍니다. 무엇보다 성령을 소멸치 말고 무시로 성령 안에서 늘 기도하며 살기 바랍니다.

방언은 기도에 큰 힘을 준다

당신은 방언의 힘을 아십니까?

나는 하나님께 방언을 받고 기도에 큰 힘을 얻었고 그 후로도 끊임없이 성령님과 인격적으로 대면했습니다.

1994년도에 방언을 처음으로 받았는데, 둘째 아들이 갓난아기 때 내 등에 업고 계속 "랄랄랄랄랄" 하며 방언을 말했습니다. 등에 업은 아기가 무거운 줄도 모르고 방언을 말하며 성령님과 교통하는 게 너무 좋았습니다.

하루는 성령님께서 내게 이렇게 말씀하셨습니다.

'내 종아, 너는 두려워 말라. 내가 너와 함께 한다. 놀라지 말라. 나는 너의 하나님이다.'

나는 그 말씀을 통해 용기를 얻었습니다. 그리고 방언을 받은 후에도 성령님은 계속 기도하게 하셨습니다.

나는 섬기는 교회의 모든 사역을 말씀과 기도에 힘입어 했습니다. 길을 가다가도 너무 기도하고 싶어 어디 교회가 없나 하고 찾아서 문이 열려 있으면 거기 들어가 그 교회 목사님과 성도들을 위해 간절히 기도하곤 했습니다.

내 안에 계신 성령님은 '기도의 영'이었습니다.

성령님은 어디에서나 무시로 기도하게 하시는 하나님의 영이십니다. 기도만이 성령님의 음성을 들을 수 있게 합니다. 오직 기도만이 우리 모두가 살 길입니다.

주일 예배를 마치고 나면 성령님께서 나 혼자 남아 계속 기도하게 하셨습니다. 교인들이 다 가고 나면 나는 성령님과 함께 한 시간 정도 기도하곤 했습니다. 한 번은 너무 기도하고 싶어서 밤에 교회에 가서 기도하고 왔습니다.

집으로 오는 길에 성령님께서 이렇게 말씀하셨습니다.

'내가 너와 함께 하니 항상 감사해라.'

그 음성을 듣고 울면서 기도했습니다.

"하나님, 감사합니다. 감사합니다."

누가 보면 미친 사람처럼 보였을 것입니다. 나는 예수를 위해 미쳤지 딴 것으로는 미치지 않았습니다. 이처럼 나를 기도하는 삶으로 이끄신 하나님께 감사드립니다.

복음의 열정을 가지라

당신은 복음의 열정을 갖고 있습니까?

내가 처음 예수를 믿고 성령을 받았을 때 사도 바울처럼 보따리 하나 둘러메고 오직 복음을 위해서만 살고 싶었습니다. 내 안에 이런 음성이 강하게 들려왔습니다.

'너를 뱃속에서부터 택하였다. 너는 내 것이다.'

그리고 성령님은 이렇게 말씀하셨습니다.

'예수를 믿으면 천국, 믿지 않으면 지옥이다. 하나님 앞에서 듣든지 안 듣든지 이 말씀을 전해라. 복음 곧 예수를 전하지 않으면 너에게 화가 있고 너에게 피 값을 묻겠다.'

나는 그 말씀을 의지해서 복음을 전했습니다.

나는 매일 기도하고 복음을 전하러 나갔습니다.

무엇보다 나이 든 어르신들이 마음에 더 끌렸습니다.

그분들께 입을 열어 예수를 전했습니다.

"예수를 믿어야 천국에 가고 믿지 않으면 지옥에 가게 됩니다. 예수를 믿으세요."

한 할머니는 "이 나이에 뭐 하러 종교를 바꿔. 그냥 이대로 살면 되지"라고 말씀하셨습니다. 그래서 나는 천국과 지옥에 대해 자세히 가르치며 말씀을 전했습니다.

"할머니, 이 땅에서만 기회가 있습니다. 살아생전에 예수를 믿으면 구원받아 하나님의 자녀로 살게 되고 기쁨을 누리면서 천국같이 살다가 천국으로 가게 됩니다."

할머니는 가정의 모든 문제를 내게 말했습니다.

나는 그 모든 것을 위해 기도해 드렸습니다. 그러자 할머니는 마음이 흡족해서 어둡던 얼굴이 밝아졌습니다.

하루는 주일 예배를 마치고 집으로 가는 중에 하나님은 남이 보지 못하는 것을 보게 하셨습니다. 한 할아버지가 걸음을 잘 못 걸으며 약국에 가고 계셨던 것입니다.

많은 사람들이 그냥 지나갔습니다. 내가 할아버지 곁에 가서 "어디에 가세요?"라고 물었더니 약국에 가는데 주일이라 문을 닫았다고 하며 택시를 잡아 달라고 했습니다.

나는 혼자 택시를 태워 보낼 수 없어 할아버지 집에까

지 같이 타고 가며 예수님을 전했습니다. 그 때 마음에 선한 사마리아 사람에 대한 이야기가 떠올랐습니다.

성령님은 지금 당신 안에서 말씀하십니다.

'그 사람에게 전도해라.'

성령의 불이 타오르게 하라

성령님의 불은 말씀 곧 '복음의 불'입니다.

하나님의 말씀은 살았고 운동력이 있어 우리의 혼과 영과 및 관절과 골수를 찔러 쪼갠다고 했습니다. 성령님을 통해 우리 입에서 나가는 하나님의 말씀은 성령의 불이며 성령의 칼입니다. 그 말씀이 사람을 변화시킵니다.

주의 종은 성령님의 음성을 듣고 하나님의 말씀에 붙잡혀 일해야 됩니다. 그렇지 않으면 아무런 힘이 없습니다.

"진 자는 이긴 자의 종이다"라고 했습니다.

당신이 누구한테 순종하든지 그 순종하는 자의 종이 됩니다. 우리는 진리의 말씀에 영혼의 뿌리를 깊이 내려야 합니다. 그러면 심령이 견고하고 평안해지며 어떤 어려움에도 흔들리지 않습니다. 예수님이 말씀하십니다.

"내가 이미 세상을 이겼다. 너희들은 내가 이겨 놓은 것을 누리며 살면 된다. 모든 일에 담대하라."

우리는 이미 예수님께서 이긴 싸움을 하고 있습니다.

이 땅에서의 삶은 날마다 영적 싸움입니다. 당신이 일어나 싸우려고 할 때 마귀와 귀신들은 두려워합니다.

나는 날마다 하나님의 전신 갑주를 입고 믿음으로 영적 싸움에 돌입합니다. 아침에 눈을 뜨면 마귀를 대적하고 악한 영을 쫓아내며 성령님께 도움을 청합니다.

"성령님, 사랑합니다. 감사합니다. 오늘도 믿음이 강해지게 해주세요. 성령님께서 제 모든 삶을 인도해 주세요. 오늘도 믿음 안에서 승리하게 해주심을 감사합니다."

내가 매일 성령님께 도움을 구하자 그분은 내 자아가 부서지도록 3년 동안 훈련시키셨습니다. 나는 날마다 하나님의 말씀을 붙들고 산다고 자신했지만 또 다시 내 자아의 생각이 틈을 타고 올라와서 너무나 힘들었습니다.

그런 내게 하나님은 이 말씀을 주셨습니다.

"내게 능력 주시는 자 안에서 내가 모든 것을 할 수 있느니라."(빌 4:13)

그때 나는 분식 가게를 했습니다. 많은 사람들이 가게에 왔는데 나는 그들에게 하나님의 말씀을 전했습니다. 그러는 동안 여러 가지 영적인 체험을 하게 되었습니다.

이 모든 영광을 하나님께 돌립니다.

마귀의 궤계를 대적하라

당신은 마귀를 대적하고 있습니까?

나는 날마다 마귀를 대적하며 영적 전쟁에 임합니다.

우리를 살리는 것은 하나님의 말씀입니다. 마귀는 우리가 하나님의 말씀에 거하지 않을 때 틈을 타고 우리의 약한 부분을 공격해서 믿음을 빼앗아 갑니다. 그러므로 우리는 성령으로 기도하며 늘 깨어 있어야 합니다. 예수님은 "시험에 들지 않게 깨어 기도하라"고 하셨습니다.

그리고 마귀를 대적하라고 하셨습니다.

"그런즉 너희는 하나님께 복종할지어다. 마귀를 대적하라. 그리하면 너희를 피하리라."(약 4:7)

하나님의 아들이 나타나신 것은 마귀의 일을 멸하려 하심이라고 했습니다. 눈에 보이지 않지만 마귀는 어떻게든 틈을 타서 우리의 믿음을 빼앗아 가려고 공격합니다.

그런 마귀를 예수 이름으로 꾸짖으며 대적해야 합니다.

그리고 날마다 성령님의 인도함을 받아야 합니다.

성령님의 음성을 듣는 귀를 가지라

당신은 성령님의 음성을 듣습니까?

나는 날마다 성령님의 음성에 귀를 기울입니다.

"성령이 각 영혼에게 하시는 말씀을 들으라."

지금은 '성령 시대'입니다. 그러므로 나는 성경을 읽고 묵상할 때, 온전한 복음이 담긴 책을 읽을 때 성령님을 의지합니다. 그러면 성령님이 하나씩 깨닫게 하십니다.

또 세상 뉴스를 볼 때도 분별하게 하십니다.

내 인생의 주인은 성령님이신데, 때로는 내 생각에 사로잡힐 때도 있습니다. 그러면 빨리 정신을 차리고 성령님을 다시 부르며 찾습니다. "성령님, 감사합니다. 무시로 성령 안에서 기도하며 범사에 감사하게 하심을 감사합니다."

그리고 육신의 생각을 믿음의 생각으로 바꿉니다. 나는 순간마다 이렇게 말씀드리며 성령님을 의지합니다.

"성령님, 오늘도 저에게 온유하고 겸손한 마음을 주세요. 남편과 자녀를 사랑하는 마음을 주세요."

그 기도한 대로 성령님께서 종일 응답하십니다.

나는 아침 예배를 드리고 가정과 자녀, 나라와 민족, 대통령과 국회, 선교사님들을 위해 영으로 축복합니다. 지금은 TV, 유튜브, 설교의 홍수입니다. 하지만 하나님은 여기 있다 저기 있다 하지 않고 우리 안에 영으로 와 계십니다.

당신도 멀리서 하나님을 찾으려 하지 말고 당신 안에

살아 계신 예수님을 믿기 바랍니다. 당신 안에 영으로 오신 성령님을 부르세요. 그분은 당신 안에 계시며 당신 안에서 말씀하시는데, 바로 주 예수 그리스도입니다.

기독교는 믿음의 종교입니다.

믿음이 없이는 하나님을 기쁘시게 할 수 없습니다.

성령님께서 내게 말씀하셨습니다.

'너는 항상 마음을 강하고 담대하게 하라. 네가 어디로 가든지 내가 너를 지켜 주겠다.'

우리는 이 세상을 살 때 성령님의 음성을 잘 들어야 합니다. 그래야 마지막 때까지 믿음을 지킬 수 있습니다.

나는 찬송가 453장을 좋아합니다.

"성령이 스승 되셔서 진리를 가르치시고 거룩한 뜻을 깨달아 예수를 알게 하소서. 성령의 감화 받아서 하나님 말씀 배우니 그 말씀 한 절 한 절이 내 마음에 교훈 되도다. 내 평생의 소원, 대속해 주신 사랑을 간절히 알기를 원하네."

당신도 예수를 더 알기 원한다면 성령님께 도움을 구하기 바랍니다. 성령님이 진리 가운데로 인도하십니다.

"아버지, 감사합니다. 날마다 성령님을 경험하게 하시고 이렇게 책을 쓰게 하신 하나님께 영광을 돌립니다."

자신의 사명을 찾고 그 일에 헌신하라

당신은 자신의 사명을 아십니까?

나는 내게 주신 사명을 찾았고 그 일에 헌신하고 있습니다. 성령님이 당신에게 주신 사명을 찾으십시오.

나는 한동안 개척 교회를 섬겼습니다. 그 교회는 십자가 탑이 태풍으로 인해 무너져 십자가가 없었습니다.

기도하는 가운데 성령님께서 내게 지혜를 주셨습니다.

해마다 태풍이 오니 창문에 십자가를 붙이고 그 옆에 등을 달아서 태풍 피해를 입지 않게 하라는 것입니다.

그때 남편은 허리 재수술로 병원에 입원해 있었습니다.

나는 그런 남편을 돌보면서 성령님이 주시는 감동에 즉시 순종하여 목사님께 가서 등과 십자가를 붙이는데 돈이 얼마나 드는지 여쭈어 보며 이렇게 말했습니다.

"성령님께서 기도 중에 제게 감동을 주셨습니다."

목사님은 아는 장로님을 통해 알아본 후에 25만 원이면 된다고 하셨습니다. 그 돈을 목사님께 드리자 환하게 등을 달고 십자가를 붙였습니다. 내 마음이 기뻤습니다.

그 당시 목사님은 새벽 예배를 드리고 기도하다 일찍 집에 들어가셨습니다. 그러면 나는 아무도 없지만 사람이 있는 것처럼 생각하고 강단에 서서 찬양하고 말씀을 선포

했습니다. 성령님은 내가 그 교회에서 1년간 섬기게 하셨습니다. 목사님이 혼자 말씀을 준비하며 교회 청소를 하시기에 내가 청소라도 좀 도와야겠다고 생각하고 수요일과 토요일이 되면 교회에 가서 기도하고 청소했습니다.

하루는 문득 이런 생각이 들었습니다.

'하나님의 일은 주의 종이 먼저 바로 서야 한다. 그리고 오직 성령으로 살며 하나님의 말씀을 담대하게 전해야 한다. 주의 종은 사람이 아닌 하나님만 기쁘시게 해야 한다.'

그 생각이 내 마음에서 가시지 않았습니다.

얼마 후에 성령님은 그 교회에서 나오라고 하셨습니다.

나는 성령님의 인도하심에 순종하기로 하고 금요 기도회를 마친 후에 목사님께 인사드리고 나왔습니다.

"내가 가는 길을 그가 아시나니 그가 나를 단련하신 후에는 내가 순금 같이 되어 나오리라. 내 발이 그의 걸음을 바로 따랐으며 내가 그의 길을 지켜 치우치지 아니하였고 내가 그의 입술의 명령을 어기지 아니하고 정한 음식보다 그의 입의 말씀을 귀히 여겼도다."(욥 23:10~12)

말씀으로 마음을 새롭게 하라

이런 말을 들어본 적이 있습니까?

"말씀으로 날마다 마음을 새롭게 하라."

우리는 말씀으로 날마다 마음을 새롭게 해야 합니다.

'영'은 하나님을 사랑하고 진리에 아멘 하므로 하나님께 영광을 돌립니다. 그리고 '마음'도 중요하다는 것을 기억해야 합니다. 마음이 하나님의 말씀으로 날마다 새롭게 하므로 변화를 받아야 한다고 성경은 말씀합니다.

"너희는 이 세대를 본받지 말고 오직 마음을 새롭게 함으로 변화를 받아 하나님의 선하시고 기뻐하시고 온전하신 뜻이 무엇인지 분별하도록 하라."(롬 12:2)

말씀을 통해 마음을 믿음으로 가득 채워야 합니다.

나는 하나님이 주신 '하나님의 믿음'을 소유하고 있습니다. 그리고 이 세상에 살며 하나님의 일을 할 때 '마음의 담대함'이 참으로 중요하다는 것도 잘 알고 있습니다.

성령님은 내 안에서, 내가 기도할 때 믿음을 주시지만 그 믿음을 행할 수 있는 것은 마음의 담대함이었습니다.

예수 믿지 않는 사람들에게는 악령이 역사합니다.

그런 사람들을 상대하려면 마음이 담대해야 합니다.

하나님은 "강하고 담대하라"고 명하셨습니다.

나는 예전에 직장 생활할 때 하나님의 자녀의 정체성을 지키고 또 믿음과 거룩함을 굳게 지켰습니다.

지금 돌아보면 그때의 모든 삶이 꿈만 같지만 성령님께서 내 마음에 믿음을 주셨기 때문에 할 수 있었습니다.

내 인생은 찬송가 301장의 가사와 같습니다.

"지금까지 지내 온 것 주의 크신 은혜라. 한이 없는 주의 사랑 어찌 이루 말하랴. 자나 깨나 주의 손이 항상 살펴 주시고 모든 일을 주 안에서 형통하게 하시네. 몸도 맘도 연약하나 새 힘 받아 살았네. 물 붓듯이 부으시는 주의 은혜 족하다. 사랑 없는 거리에나 험한 산길 헤맬 때 주의 손을 굳게 잡고 찬송하며 가리라."

나는 이 찬송가를 참 좋아합니다. 가사에 성령님의 기름 부으심이 넘치기 때문에 생활하면서 이 찬송가를 중얼거리며 많이 부릅니다. 그러면 마음이 기뻐집니다.

당신도 찬송의 제사를 드리십시오. "그러므로 우리는 예수로 말미암아 항상 찬송의 제사를 하나님께 드리자. 이는 그 이름을 증언하는 입술의 열매니라."(히 13:15)

우리는 뒤로 물러가 구덩이에 빠지면 안 됩니다.

성령 안에서 믿음을 지키며 찬송과 기도로 행복하게 살다가 천국으로 가야 합니다. 나는 그렇게 살고 있습니다.

"성령님, 억만 번이나 감사합니다."

예수 이름의 권세를 사용하라

예수님은 하나님이십니다.

세상은 흑암입니다. 하나님은 우리에게 "일어나 빛을 발하라"고 하셨습니다. 하나님이 영으로 우리 안에 살아 계시는 반면 마귀도 아직 일하고 있습니다. 마귀는 예수님이 십자가에서 흘린 피로 머리가 상했지만 그 꼬리가 남아 사람들이 진리를 떠나도록 생각을 통해 유혹합니다.

그래서 믿는 우리는 더 많이 기도해야 합니다.

나는 날마다 성령의 충만함을 받습니다.

그리고 나사렛 예수 이름으로 매일 명령합니다.

먼저 내 몸에 손을 얹고 명령하므로 신체 각 기관과 마디마디, 세포에 치유와 건강이 임하게 합니다. 또한 내 머리에 있는 150억 개의 뇌세포가 잘 가동하도록 명령하고 내 모든 생각이 성령을 좇아 행할 수 있도록 기도합니다.

나는 모든 문제를 예수 이름으로 명령하며 다스립니다.

물질 문제도 예수 이름으로 들어오라고 명령합니다.

예수 이름을 알면서도 사용하지 않고 묻어 두는 사람이 많습니다. 그러면 마귀에게 당합니다. 이 현실 세계에서 예수 이름을 많이 사용함으로 눈에 보이지 않는 악한 귀신을 꾸짖어 쫓아내야 합니다. 마귀를 대적해야 합니다.

그러면 우리는 날마다 세상을 이기며 살게 됩니다.

예수님이 십자가에서 이미 다 이기셨습니다.

우리의 씨름은 혈과 육에 대한 것이 아닙니다.

이 어두움의 세상 주관자인 악한 영과의 싸움입니다.

마귀를 대적하고 성령님을 환영해야 합니다. 그럴 때 기쁨의 성령님이 우리와 함께 하십니다. 우리가 가는 곳마다 묶인 것이 풀리고 어두운 곳이 밝아집니다. 믿음의 사람이 가는 곳에 하나님의 영광이 환하게 드러납니다.

나는 집 옆에 있는 카페에 자주 갑니다. 거기서도 커피를 마시는 사람마다 예수를 믿게 해 달라고 기도하며 예수 이름으로 조용히 명령합니다. "나사렛 예수 이름으로 커피를 마시러 오는 사람마다 예수를 믿게 될지어다."

조용히 명령하지만 엄청난 권세가 있습니다.

예수 이름은 우리에게 큰 축복입니다. 예수 이름으로 마귀를 대적하며 귀신을 쫓아내십시오. 예수 이름으로 명령하면 안 되는 것이 됩니다. 예수 이름의 권세를 알아도 사용하지 않으면 소용없습니다. 많이 사용하십시오.

예수 이름을 사용하려면 먼저 그 이름을 믿어야 합니다. 하나님의 아들 예수 그리스도는 십자가에서 모든 인류의 죄와 저주를 담당하시고 죽으신 후에 부활하셨습니다.

그리고 '예수 이름'을 주시며 믿으라고 하셨습니다.

그 이름을 믿으면 우리 안에 있는 모든 저주가 사라지고 복이 임합니다. 어떤 복일까요? 의와 성령 충만, 건강과 부요, 지혜와 평화와 생명입니다. 그리스도 안에서 새로운 피조물이 되고 하나님의 자녀가 됩니다.

우리는 이러한 복음을 받아들이고 믿어야 합니다.

구원받은 사람은 전도자가 되어야 합니다. 삶으로도 예수를 전하고 책으로도 예수를 전해야 합니다.

예수님을 만나 구원받은 나의 삶과 깨달음을 담은 책은 내 대신 전국과 세계를 다니며 전도하고 선교하고 상담하고 가르치고 제자 삼고 수많은 인생을 바꿉니다. 책을 한 권 써내는 것은 내 대신 목숨 걸고 복음을 전하는 선교사 수천 명을 파송하는 것과 같습니다. 내 삶과 깨달음을 담은 책을 한 권 써내는 것은 박사 학위 백 개보다 낫고 가문의 영광입니다. 당신도 책으로 전도하고 선교하세요.

책은 한 줄도 내 힘으로 못씁니다. 하지만 전능하신 성령님께 도움을 구하면 그분이 책을 쓰게 해주십니다.

"아버지, 감사합니다. 저와 함께 하셔서 이 책을 쓰게 해주셔서 억만 번이나 감사드립니다."

성령님은 돕기 위해 오셨다

당신은 성령님을 모시고 삽니까?

성령님은 내 안에 살아 계십니다. 나는 이 사실을 조금도 의심하지 않고 믿습니다. 성경은 말씀합니다.

"믿음이 없이는 하나님을 기쁘시게 못한다. 하나님께 나아가는 자는 반드시 그가 계신 것과 또한 자기를 찾는 자들에게 상 주시는 이심을 믿어야 한다."

성령님은 육신의 생각을 하는 사람과 함께하지 않습니다. 오직 영의 생각을 해야 합니다. 육신으로 우상 숭배하던 자들이 회개하고 예수를 구주로 믿을 때 그 사람 안에 하나님이 임하시고 그 사람 안에서 생수의 강물이 흘러넘치게 됩니다. 그 생수의 강은 곧 성령님이십니다.

성령님은 누구실까요? 그분은 당신을 돕기 위해 오신 하나님의 영이십니다. 그분은 당신이 하나님의 말씀을 믿게 하고 또 하나님의 말씀에 순종하며 행하게 하십니다.

하나님의 말씀은 곧 하나님이십니다.

"태초에 말씀이 계시니라. 이 말씀이 하나님과 함께 계셨으니 이 말씀은 곧 하나님이시니라."(요 1:1)

성령님께서 이 말씀에 대한 확신을 주셨습니다.

'말씀이 하나님이라면 내 생각으로 사는 것이 아니라 하나님의 말씀에 아멘 하고 순종해야 되겠네.'

찬송가 93장에 이런 내용이 있습니다.

"예수는 나의 힘이요 내 생명 되시니 구주 예수 떠나 살면 죄 중에 빠지리. 눈물이 앞을 가리고 내 맘에 근심 쌓일 때 위로하고 힘주실 이 주 예수. 예수는 나의 힘이요 내 기쁨 되시니 그 명령을 준행하여 늘 충성하겠네. 주야로 보호하시며 바른 길 가게 하시니 의지하고 따라갈 이 주 예수."

그렇습니다. 예수님은 하나님이시며 말씀이 육신이 되어 오신 분입니다. 그분은 죄가 없는 하나님의 아들이십니다. 그런 분이 인간의 몸을 입고 이 땅에 오셨습니다. 말씀이신 예수님은 공생애를 마치고 하늘로 올라가셨습니다.

그리고 예수의 영이신 성령님을 보내 주셨습니다.

그분은 영으로 우리와 함께 살고 계십니다.

데살로니가전서 5장 10절에 말씀합니다.

"예수께서 우리를 위하여 죽으사 우리로 하여금 깨어 있든지 자든지 자기와 함께 살게 하려 하셨느니라."

예수의 영이신 성령님이 당신 안에 살고 계십니다.

"성령을 소멸하지 말라"고 성경은 말하고 있습니다.

이 말씀은 모든 일에 인격자이신 성령님을 인정하고 존중하라는 것입니다. 우리가 주님을 부인하면 주님도 우리를 부인할 수밖에 없다고 성경은 말씀합니다. 성령님을 존중히 모시고 살며 모든 것을 예수 이름으로 구해야 합니다. 그리고 새로운 피조물 곧 왕 같은 제사장으로 살아야 됩니다. 왕 같은 제사장은 곧 '기도하는 삶'을 말합니다.

기도의 영을 회복하고 예수님을 뜨겁게 사랑하십시오.

예수님은 "차지도 않고 뜨겁지도 않으면 내 입에서 너를 토하여 버리겠다"고 하셨습니다. 항상 뜨거운 믿음으로 사십시오. 순간마다 회개하고 모든 우상을 버리십시오.

성령님이 당신을 돕기 위해 오셨습니다.

성령님께 도움을 구하세요.

믿음의 말씀으로 양육 받으라

당신은 믿음의 말씀으로 양육 받고 있습니까?

나는 세상의 잡다한 지식과 정보가 아닌 오직 성령님을 통해 믿음의 말씀으로 양육 받고 있습니다. 믿음의 말씀은 곧 하나님의 말씀이며 '예수 그리스도 복음'을 가리킵니다. 베드로 사도는 복음이 곧 말씀이라고 했습니다.

"너희가 거듭난 것은 썩어질 씨로 된 것이 아니요 썩지 아니할 씨로 된 것이니 살아 있고 항상 있는 하나님의 말씀으로 되었느니라. 그러므로 모든 육체는 풀과 같고 그 모든 영광은 풀의 꽃과 같으니 풀은 마르고 꽃은 떨어지되 오직 주의 말씀은 세세토록 있도다 하였으니 너희에게 전한 '복음'이 곧 이 말씀이니라."(벧전 1:23~25)

성경을 통해 복음의 말씀으로 양육 받을 때 세상과 마귀와 육신을 이길 수 있는 믿음을 소유하게 됩니다.

모든 성경이 하나님의 감동으로 된 것이다

성경은 어떤 책일까요?

하나님의 감동으로 된 것입니다. "모든 성경은 하나님의 감동으로 된 것으로 교훈과 책망과 바르게 함과 의로 교육하기에 유익하니"(딤후 3:16)라고 했습니다.

성경의 일부분이 아닌 모든 성경이 하나님의 감동으로 된 것입니다. 성경은 인간의 논리와 철학과 명언으로 된 것이 아닙니다. 그래서 사람이 예수 믿고 성령으로 거듭나야 그때부터 모든 성경 말씀이 믿어지는 것입니다.

성경은 단순한 윤리 도덕, 종교적인 책이 아닙니다.

성경은 하나님의 자녀로서 어떻게 살아야 할지에 대한 하나님 아버지의 교훈과 책망과 바르게 함과 의로 교육하기에 유익한 책입니다. 아버지의 마음이 담긴 책입니다.

나는 예수 믿고 처음에 요한복음 1장 1절의 말씀을 꼭 붙들었습니다. "태초에 말씀이 계시니라. 이 말씀이 하나님과 함께 계셨으니 이 말씀은 곧 하나님이시니라."

이 말씀이 내게 큰 은혜가 되었습니다. 이 말씀을 믿을 수 있도록 성령님께서 내 마음에 감동을 주셨습니다.

얼마나 감사한지 모릅니다. 딴 사람들은 환상도 보고 대단한 체험들을 했다고 말하는데, 나는 이 말씀을 통해 은혜를 받았습니다. 예수님은 보고 믿는 믿음도 좋지만 "보지 않고 믿는 믿음이 더 크다"고 하셨습니다.

보지 않고 믿는 믿음이 무엇일까요? 말씀을 듣고 믿는 믿음입니다. 하나님은 말씀으로 내게 많은 지혜와 지식과 깨달음을 주셨습니다. 나는 오직 말씀만 믿습니다.

내가 그렇게 오직 말씀만 믿다 보니까 분별력이 생겼습니다. 말씀을 깨닫고 붙들면 결코 흔들리지 않는 굳센 믿음, 큰 믿음을 가지게 됩니다. 세상 모든 것은 흔들리지만 말씀은 흔들리지 않습니다. 시편 119편 89절에 "여호와여, 주의 말씀은 영원히 하늘에 굳게 섰사오며"라고 했습니다. 인간의 이론이나 경험, 온갖 사상이 굳게 선 것이 아닙니다. 주의 말씀이 하늘에 굳게 섰습니다.

주의 말씀이 다른 그 무엇보다 큽니다.

오직 주의 말씀을 붙들어야 지혜가 옵니다.

모든 성경은 하나님의 감동으로 된 것입니다. 그 말씀

을 읽고 듣는 중에 성령님이 살아 움직이게 하십니다. 그러면 기적이 일어납니다. 기도 응답이 옵니다.

성경 말씀이 당신을 온전하게 한다

성경 말씀은 선한 일을 행할 능력을 갖추게 합니다.

"이는 하나님의 사람으로 온전하게 하며 모든 선한 일을 행할 능력을 갖추게 하려 함이라."(딤후 3:17)

우리는 하나님의 사람이고 하나님의 자녀입니다. 그렇다면 선한 것을 본받고 배우며 선한 삶을 살아야 합니다.

마귀의 자식처럼 이간질하고 비판하고 헐뜯고 하면 안 됩니다. 분별해야 합니다. 분별도 영을 분별해야지 자기 기준으로 사람들을 분별하려고 하면 안 됩니다.

어떤 사람은 "내 느낌이 정확해"라고 말합니다.

영의 세계는 직감으로 분별할 수 있는 것이 아닙니다. 자기 느낌이 아니라 말씀과 성령으로 영들을 분별해야 합니다. 오감 위에 직감이 있고 그 위에 영감이 있습니다.

영감을 따라 분별하려면 기도를 많이 해야 하고 또 말씀을 정확하게 알아야 합니다. 그렇지 않으면 자기 기준과 육신의 생각으로 남을 판단하는 자가 되기 쉽습니다.

성령을 슬프게 하는 온갖 육체의 죄를 짓는 것을 분별해야 하고 또 하나님과 원수 되는 육신의 생각도 분별해야 합니다. 하지만 사람들을 함부로 외모와 성격을 따라 판단하고 정죄하고 책망하는 일은 결코 하지 말아야 합니다.

누구나 연약하고 부족합니다. 그런 사람들을 볼 때 위로하고 격려하고 축복 기도해 주어야 합니다.

판단하고 심판하는 것은 주님이 하십니다.

로마서 2장 1절에 이렇게 말씀합니다.

"그러므로 남을 판단하는 사람아, 누구를 막론하고 네가 핑계하지 못할 것은 남을 판단하는 것으로 네가 너를 정죄함이니 판단하는 네가 같은 일을 행함이니라."

남의 눈에 있는 티를 보지 말고 자기 눈에 있는 들보를 깨달으라는 것입니다. 야고보서 4장 11절에는 서로 판단하고 비방하지 말라고 했습니다. "형제들아, 서로 비방하지 말라. 형제를 비방하는 자나 형제를 판단하는 자는 곧 율법을 비방하고 율법을 판단하는 것이라. 네가 만일 율법을 판단하면 율법의 준행자가 아니요 재판관이로다."

주의 종에 대해서도 판단하지 말아야 합니다.

로마서 14장 4절 말씀을 마음에 새기십시오.

"남의 하인을 비판하는 너는 누구냐? 그가 서 있는 것이나 넘어지는 것이 자기 주인에게 있으매 그가 세움을 받으리니 이는 그를 세우시는 권능이 주께 있음이라.”

악한 영과 선한 영을 분별해야 합니다. 모든 영을 분별 없이 다 믿고 받아들이면 안 됩니다. “사랑하는 자들아, 영을 다 믿지 말고 오직 영들이 하나님께 속하였나 분별하라. 많은 거짓 선지자가 세상에 나왔음이라.”(요일 4:1)

여기서도 “오직 영들이 하나님께 속하였나 분별하라”고 했습니다. 하나님께 속하였는지 아닌지만 분별하라는 것입니다. 하나님께 속하지 않았다면 받아들이지 말고 예수 이름으로 대적하며 물리쳐야 합니다.

성경의 모든 예언은 사사로이 풀지 말아야 합니다.

베드로후서 1장 20~21절을 보십시오. “먼저 알 것은 성경의 모든 예언은 사사로이 풀 것이 아니니 예언은 언제든지 사람의 뜻으로 낸 것이 아니요 오직 성령의 감동하심을 받은 사람들이 하나님께 받아 말한 것임이라.”

“성경의 모든 예언은”이라고 했습니다. 이 예언은 사람의 뜻으로 낸 것이 아닙니다. 오직 성령의 감동하심을 받은 사람들이 하나님께 받아 말한 것입니다. 그러므로 성경의 예언을 자기 기준으로 함부로 풀지 말아야 합니다.

어떤 이는 “예수님이 재림하신다”는 예언도 사사로이 풀었습니다. 성경은 언제 오신다고 말씀하지 않는데, 몇 년 몇 월 며칠에 온다고 사사로이 풀다가 수치를 당했습니다. 예수님은 "때와 기한은 아버지께서 자기의 권한에 두셨다. 너희의 알 바 아니다"라고 딱 잘라 말씀하셨습니다.

성경은 구약과 신약 모두 66권이며 40명의 저자들이 성령의 감동을 따라 오류 없이 기록한 것입니다. 이러한 성경의 예언들을 인간이 사사로이 풀면 안 됩니다.

한 신학자가 성경을 많이 알고 해석해서 주석을 펴냈는데 나중에 알고 보니 예수를 구주로 안 믿었다고 합니다.

이 얼마나 안타깝고 한심스런 일입니까?

모든 성경은 예수님에 대해 말씀하고 있는데, 예수를 구주로 믿지 않고도 성경을 풀어 주석 책을 낸 것입니다.

그 사람은 말씀이 그 사람 안에 거하지 않았습니다. 성경을 단순히 학문적인 연구 대상으로만 삼았던 것입니다.

예수님이 말씀하셨습니다.

"그 말씀이 너희 속에 거하지 아니하니 이는 그가 보내신 이를 믿지 아니함이라. 너희가 성경에서 영생을 얻는 줄 생각하고 성경을 연구하거니와 이 성경이 곧 내게 대하여 증언하는 것이니라. 그러나 너희가 영생을 얻기 위하여 내게 오기를 원하지 아니하는도다."(요 5:38~40)

아무리 학문이 있고 성경 지식이 많으면 뭐합니까?

예수를 모르면 다 모르는 것입니다. 잡다한 책을 인용해서 설교 원고를 힘들게 작성한 후에 강단에서 한 줄씩 읽는 목회자도 있는데, 오직 예수님을 전해야 합니다.

예수님이 누구십니까?

인류의 모든 죄를 다 짊어지고 십자가에 달려 피와 물을 쏟으며 값을 지불하고 죽으신 하나님의 아들이십니다.

그분이 우리의 모든 죄와 저주를 다 가져가셨습니다.

그분이 십자가에서 “다 이루었다”고 하셨습니다.

“다 이루었다.”(요 19:30)

예수를 구주로 믿는 사람은 성령으로 거듭나서 하나님의 자녀가 되고 모든 저주가 사라집니다. 그리고 하나님 아버지가 주시는 복을 풍성히 받아 누리게 됩니다.

어떤 복일까요?

그리스도 안에서 의와 성령 충만, 건강과 부요, 지혜와 평화와 생명입니다. 행복과 기쁨과 즐거움입니다.

다윗은 시편 16편 11절에 고백했습니다. “주께서 생명의 길을 내게 보이시리니 주의 앞에는 충만한 기쁨이 있고 주의 오른쪽에는 영원한 즐거움이 있나이다.”

예수를 믿는 자는 생명이 있고 믿지 않는 자는 생명이 없습니다. “아들이 있는 자에게는 생명이 있고 하나님의 아들이 없는 자에게는 생명이 없느니라.”(요일 5:12)

우리는 날마다 예수 이름을 고백해야 합니다.

예수님이 제자들에게 말씀하셨습니다. “너희가 내 이름

으로 기도하면 무엇이든지 응답하겠다.”

예수 이름으로 기도하므로 응답받아야 합니다.

그런 후에는 예수 이름을 나타내고 자랑해야 합니다.

그렇지 않고 자기 자랑을 하면 교만하고 거만해집니다.

마귀는 자꾸 “자기 자랑을 하라”고 부추깁니다. 그런 마귀의 수법에 넘어가지 않도록 깨어 있어야 합니다.

예수님은 말씀하셨습니다.

“너희가 내 안에 거하고 내 말이 너희 안에 거하면 무엇이든지 원하는 대로 구하라. 그리하면 이루리라. 너희가 열매를 많이 맺으면 내 아버지께서 영광을 받으실 것이요 너희는 내 제자가 되리라.”(요 15:7~8)

기도 응답의 열매를 맺으면 “하나님이 이렇게 해주셨다”며 하나님 아버지께 영광을 돌려야 합니다. 그리고 그 일을 통해 오직 예수를 나타내고 예수를 전해야 합니다.

기도 응답 받은 것을 가지고 예수를 전하십시오.

“내가 예수 믿고 기도했더니 이런 응답을 받았다.”

“내가 예수 믿기 전에는 늘 고통과 어려움을 겪었는데 지금은 달라졌다. 믿음으로 모든 것이 가능하다는 것을 깨달았다. 믿는 자에게는 능치 못할 것이 없다.”

예수를 전하기 위해 성령님께 도움을 구하십시오.

“성령님, 오늘도 예수님을 전하게 해주세요.”

내가 예수를 믿고 하나님의 자녀가 된 것, 그리고 내가 전하는 예수 그리스도 복음으로 인해 다른 사람들이 하나님의 자녀가 되는 것을 하나님이 가장 기뻐하십니다.

예수님을 전하지 않으면 그들이 구원받을 수 없습니다.

율법의 행위로는 구원받을 수 있는 사람이 없습니다.

예수님이 와서 율법을 완성하셨습니다.

모든 사람은 하나님의 아들 예수 그리스도의 피의 능력으로 죄를 사함 받고 구원을 얻습니다. 그러므로 우리는 예수님의 십자가를 전해야 합니다. 그분이 "다 이루었다"(요 19:30)고 하신 말씀을 자세히 연구하고 가르쳐야 합니다. 우리는 오직 '예수님이 십자가에서 다 이룬 복음'을 믿어야 합니다. 예수 그리스도 복음이 곧 말씀입니다.

예수님이 마태복음 24장 35절에 "천지는 없어질지언정 내 말은 없어지지 아니하리라"고 말씀하셨습니다.

이 세상은 다 없어집니다. 말씀만 남습니다.

하나님의 말씀은 영원히 남습니다. 그 하나님의 말씀이 '율법의 저주'가 아닌 '복음의 축복'임을 알아야 합니다.

베드로전서 1장 25절에 "오직 주의 말씀은 세세토록 있도다 하였으니 너희에게 전한 복음이 곧 이 말씀이니라"고 했습니다. 복음이 곧 말씀이라고 했습니다. 이 복음을 가진 사람은 그리스도 안에서 다 '왕 같은 제사장'입니다.

베드로전서 2장 9절에 이렇게 말씀합니다.

"그러나 너희는 택하신 족속이요 왕 같은 제사장들이요 거룩한 나라요 그의 소유가 된 백성이니 이는 너희를 어두운 데서 불러내어 그의 기이한 빛에 들어가게 하신 이의 아름다운 덕을 선포하게 하려 하심이라."

우리는 왕족입니다. 하나님의 자녀입니다. 진리로 자유를 얻고 하나님께 "아빠 아버지"라 부르며 담대히 나아가서 기도할 수 있는 '만인 제사장'이 되었습니다.

교회에서는 공동체 질서를 위해 목사님을 비롯한 다양하게 섬기는 분들이 있지만 하나님 앞에서는 모두 형제와 자매이며, 성령님의 기름 부으심을 받은 그분의 자녀입니다. 예수님도 우리를 보고 "형제"라 부르셨습니다.

히브리서 2장 11~13절을 보십시오.

"거룩하게 하시는 이와 거룩하게 함을 입은 자들이 다 한 근원에서 난지라. 그러므로 '형제'라 부르시기를 부끄러워하지 아니하시고 이르시되 내가 주의 이름을 내 형제들에게 선포하고 내가 주를 교회 중에서 찬송하리라 하셨으며 또 다시 내가 그를 의지하리라 하시고 또 다시 볼지어다 나와 및 하나님께서 내게 주신 '자녀'라 하셨으니."

교회의 질서를 위해서는 윗사람에게 예의를 갖추어야 하지만 인간적으로 굽실거리지는 말아야 합니다.

우리 모두는 하나님의 자녀입니다. 우리는 하나님 앞에서 마음껏 기도하고 찬송하고 자유와 행복을 누릴 수 있습니다. 하나님의 자녀는 직접 기도해서 응답을 받을 수 있습니다. 모든 문제를 믿음으로 해결할 수 있습니다.

성령님의 기름 부으심이 당신 안에 흐르고 있습니다.

하나님의 자녀의 권세로 당당하게 살기 바랍니다.

항상 성령 안에서 깨어 기도하기 바랍니다.

성령님은 소원을 두고 행하게 하신다

당신은 마음에 어떤 소원이 있습니까?

예수님은 "네 소원이 무엇이냐? 네 소원대로 되라"고 하십니다. 빌립보서 2장 13절에는 "너희 안에서 행하시는 이는 하나님이시니 자기의 기쁘신 뜻을 위하여 너희에게 소원을 두고 행하게 하시나니"라고 했습니다. 그렇습니다.

성령님은 우리 마음에 소원을 두고 행하게 하십니다.

당신의 마음에는 어떤 소원이 일어납니까?

"아무 소원이 없어요"라고 말하지 마십시오. 하나님은 성령이 임한 사람에게 그분의 꿈과 환상과 예언을 주신다고 했습니다. 사도행전 2장 17절을 보십시오. "하나님이 말씀하시기를 말세에 내가 내 영을 모든 육체에 부어 주리니 너희의 자녀들은 예언할 것이요 너희의 젊은이들은 환상을 보고 너희의 늙은이들은 꿈을 꾸리라.”

예언과 환상과 꿈은 ‘미래에 대한 소원’입니다.

그 소원이 성경 말씀과 일치하면 성령님이 주신 것이므로 소중하게 잘 간직해야 합니다. 주위에 떠벌이며 자랑하지 말고 성령님이 일하시는 것을 지켜봐야 합니다.

하나님이 소원을 주시는 것은 그것을 주위에 자랑하라는 것이 아니라 하나님께 기도하며 구하라는 것입니다.

그러므로 소원을 두고 하나님께 기도해야 합니다.

“내 이름으로 무엇이든지 구하라”고 했습니다.

소원이 생겨도 구하지 않으면 그 소원이 이뤄지지 않습니다. 왜 그럴까요? 하나님은 기도 응답을 통해서만 일하시기 때문입니다. 마음에 소원이 생겼음에도 불구하고 기도하지 않는 사람들이 많습니다. 기도하지 않고 인간적인 방법으로 성공하겠다며 섣불리 덤벼들면 위험합니다.

기도한 후에 기다리면 성령님이 일하시는 것이 눈에 보입니다. 그러한 인도하심을 따라 움직여야 합니다.

“기도했지만 성령님이 일하시는 것이 보이지 않아요.”

그것은 믿음의 기도를 하지 않았기 때문입니다.

믿음의 기도는 ‘현재 소유형’ 기도입니다.

예수님이 말씀하셨습니다.

"너희가 무엇이든지 믿고 구하는 것은 다 받으리라."

무엇을 믿습니까? 당신이 기도하고 구하는 그것을 받은 줄로 믿어야 합니다. 막연히 "언젠가는 받을 것이다"라며 믿고 구하는 것은 '미래 소망형' 기도입니다.

하나님은 믿음에만 응답하시고 소망에는 응답하지 않고 위로만 하십니다. 소망에는 인내가 필요합니다.

그래서 인내로 또는 성경의 위로로 소망을 가지게 한다고 한 것입니다. "무엇이든지 전에 기록된 바는 우리의 교훈을 위하여 기록된 것이니 우리로 하여금 인내로 또는 성경의 위로로 소망을 가지게 함이니라."(롬 15:4)

솔로몬은 "모든 것이 성취되는 때가 있다"고 했습니다.

하나님이 다 이루어 주신다는 것을 믿고 구해야 합니다. 그렇게 구했으면 하나님의 손에 맡겨야 합니다.

"그렇게 맡겼다가 망하면 어떻게 하나요?"

망한다는 생각과 말을 하지 마십시오. 오직 믿음의 말만 하십시오. "망한다"는 말은 '저주'를 의미합니다. 그리스도 안에 있는 사람은 망하지 않습니다. 실패하지 않습니다. 모든 것이 합력하여 선을 이루며 반드시 성공합니다.

예수님이 십자가에서 당신의 모든 저주를 다 가져갔기 때문에 당신은 결코 망하지 않습니다. 영혼도 몸도, 가정도 사업도 망하지 않습니다. "예수 이름을 믿는 자는 망하지 않는다"고 성경은 말씀합니다. 잠시 고난과 역경이 있어도 하나님은 그 후에 반드시 더 큰 복을 주십니다.

예수님이 십자가에서 "다 이루었다"고 하셨습니다.

예수님은 우리의 모든 죄와 저주를 속량하는 일을 다 이루셨고 또 우리의 기도에 대한 응답도 시간과 공간을 초월해서 성령 안에서 다 이루어졌다고 믿어야 합니다.

시냇가에 심은 나무가 시절을 좇아 열매를 맺음 같이 우리는 성령의 인도하심을 따라 저절로 열매를 맺습니다.

세월이 가면서 봄, 여름, 가을, 겨울로 시절이 바뀌는데 그 시절을 좇아 열매를 많이 맺게 된다고 믿으십시오.

우리는 "성령님의 인도하심을 따라 내가 하는 모든 일이 형통한다. 성령님으로 말미암아 안 되는 일이 되는 기적이 일어난다"고 믿음의 말만 해야 합니다.

안 되는 것을 되게 하시는 하나님이 우리와 함께 계십니다. 그러므로 우리는 믿음의 말을 통해 씨앗을 뿌리며 성령님의 일하심을 통한 큰 수확을 기대해야 합니다.

"사람으로는 할 수 없으나 성령님으로는 다 할 수 있다. 나는 내 입을 통해 믿음의 말의 씨앗을 뿌린다."

마귀는 끊임없이 부정적인 생각과 의심의 생각을 우리 마음속에 집어넣습니다. 그것을 대적해야 합니다.

예수님은 마귀의 일을 멸하기 위해 오셨습니다.

우리는 마귀의 일을 어떻게 멸합니까?

부정적인 생각을 집어넣는 악한 영을 예수 이름으로 명령하며 쫓아내면 됩니다. "예수 이름으로 나가라"고 꾸짖으면 됩니다. 그러려면 마음이 강하고 담대해집니다.

이 땅에서 담대하지 않으면 믿음을 지키기 힘듭니다.

사람이 시험에 들면 자신의 꾀와 권모술수로 어떻게든 마귀의 계책에서 빠져나오려고 애쓰지만 안 됩니다.

강하고 담대한 마음으로 마귀를 대적하십시오.

성경은 이렇게 말씀합니다.

"만물이 다 너희 것이다. 너희에게 주었다."

그렇다면 만물을 향해서도 명령해야 합니다.

하나님의 자녀의 권세로 담대하게 환경을 꾸짖고 문제를 꾸짖고 악한 영을 꾸짖으십시오.

지금 애를 먹이고 힘들게 하는 사람이 교회에 있어도 그 문제를 입술로 말하지 마십시오. 그들을 위해 오직 믿음의 기도를 하고 믿음의 말만 하십시오.

그러면 기적이 일어납니다. 이렇게 말하십시오.

"하나님이 지키신다."

"하나님이 도우신다."

"기적이 일어난다."

남편과 자녀에 대해서도 믿음의 말만 하십시오.

나는 하나님께 복을 받아 땅도 있고 집도 있습니다.

내 남편은 머리가 참 좋습니다. 너무 머리가 잘 돌아가서 기도할 필요를 많이 못 느낍니다. 모든 일을 하나님께 기도하면서 해결해 나가야 하는데, 자신의 계산으로 처리하려고 합니다. 나는 그런 남편에게 말했습니다.

"기도하세요. 기도해야 하나님이 도우십니다. 사람이 마음으로 자기의 길을 계획할지라도 그 발걸음을 지도하시는 분은 여호와 하나님이십니다. 우리가 많은 일을 해도 기도할 때 하나님이 역사해 주시고 복을 주십니다."

남편은 믿음이 있기 때문에 가만 듣고 있습니다.

나는 남편을 위해 늘 축복하며 기도합니다.

교회가 성장하는 것도 인간의 힘으로는 안 됩니다.

"아버지가 이끌지 않으면 올 자가 없다"고 했습니다.

나는 "기도하고 맡기고 성령님의 인도하심을 따라 살자"고 결단했습니다. 내 힘으로 하려고 하면 안 됩니다.

내 힘으로 하려고 하면 짜증나고 힘들어집니다. 당신 안에 성령님이 계십니다. 그분과 교통하면서 기도 응답을 통해 모든 일을 하십시오. 날마다 이렇게 말하십시오.

"나는 머리끝부터 발끝까지 성령 충만하다. 몸의 모든 지체와 마디, 그리고 모든 세포가 강건하다."

사람의 머리에는 150억 개의 뇌세포가 있습니다.

뇌세포를 향해 이렇게 말하십시오.

"내 머릿속에 있는 뇌세포가 잘 가동되고 있다."

입술에 대해서도 믿음의 말을 하십시오.

"내 입술은 권세가 있다. 내가 말하는 것마다 역사가 나타난다. 내가 새벽부터 저녁까지 뿌린 말의 씨앗대로 다 거둔다. 그러므로 나는 오직 하나님의 말씀과 믿음의 말, 축복의 말만 한다. 내가 말한 대로 다 된다."

오직 믿음의 말만 씨앗으로 뿌리십시오.

기분과 감정에 따라 말하는 것이 아니라, 손에 잡히고 눈에 보이는 것을 따라 말하는 것이 아니라, 믿음의 말을 씨앗으로 뿌려야 합니다. 이렇게 말하십시오.

"내가 하는 일마다 하나님이 함께 하시므로 모든 것이 잘된다. 나는 그리스도 안에서 형통한 사람이다."

나는 항상 그렇게 기도하며 나갑니다. 그러니까 정말 그 믿음대로 다 되었습니다. 우리는 믿음의 말을 씨앗으로 뿌리고 그대로 된다는 것을 조금도 의심하지 말고 믿어야 합니다. 장사하고 있습니까? 이렇게 말하십시오.

"하나님이 많은 고객을 보내 주신다."

목회하고 있습니까? 이렇게 말하십시오.

"하나님이 양들을 많이 보내 주신다."

사업을 하고 있습니까? 이렇게 말하십시오.

"내가 하는 사업은 잘되고 있다."

가족을 위해 기도하고 있습니까? 이렇게 말하십시오.

"가족이 모두 예수 믿고 구원받았다. 내 형제 자매들도 다 구원받았다. 하나님이 지금 인도하고 계신다."

자녀를 위해 기도하고 있습니까? 이렇게 말하십시오.

"내 자녀들이 모두 잘된다."

이렇게 믿음의 말을 씨앗으로 뿌리고 성령님의 인도하심을 따라 살기 바랍니다. 기도와 찬송과 말씀으로 무장하십시오. 하나님이 주신 복을 하나도 빼앗기지 말고 다 받아 누리기 바랍니다. 예수 이름으로 축복합니다.

믿음의 선한 싸움에서 승리하라

당신은 믿음의 선한 싸움을 하고 있습니까?

나는 날마다 성령님과 함께 '믿음의 선한 싸움'을 싸우고 있는데, 피 흘리기까지 싸우고 있습니다. 내게 날마다 이김을 주시는 하나님께 감사와 영광을 돌립니다.

이 세상은 영적인 선생터입니다. 마귀가 있기 때문입니다. 우리는 그리스도 안에서 승리하는 삶을 살아야 합니다. 그러려면 기도로 늘 깨어 있어야 하고 또한 성령의 검 곧 하나님의 말씀을 들고 마귀를 공격해야 합니다.

지금은 개개인의 성령 시대입니다. 각 사람에게 성령님

이 오시므로 그분과 동행하는 삶을 살게 되었습니다.

성령을 받은 사람은 가슴이 뜨겁습니다. 우리 모두 처음에는 가슴에 성령의 불이 활활 타올랐습니다. 기도와 말씀을 통해 이 불이 식거나 꺼지지 않게 해야 합니다.

나는 매일 성령님을 의지하면서 뜨거운 믿음의 삶을 살고 있는데, 그래도 가끔 마음이 엉뚱한 데로 갑니다.

한 번은 바깥세상을 보면서 이런 생각을 한 적이 있습니다. '세상 사람들은 저렇게 놀러 다니며 재미있게 사는데 나는 뭐하는 거지? 저들은 기도하지 않고도 편하게 사는데 나는 왜 이렇게 살지? 나도 저랬으면 좋겠다.'

그때 성령님이 내 안에서 탄식하셨습니다.

'너는 내 자녀잖아. 왜 그들을 바라보느냐? 저들은 지옥에 갈 사람들이다. 그들을 보며 부러워하지 마라.'

그 순간 내 안에서 뜨거운 눈물이 터져 나왔고 나는 하나님 앞에서 돌이키며 회개했습니다.

'아, 그렇지. 나는 하나님의 자녀야. 잠시 머물 세상에서 저런 사람들을 보면서 부러워하면 안 되지. 저들을 전도해야지. 그렇지 않으면 다 지옥에 갈 거야.'

나만 아니라 누구든지 믿음이 떨어지면 마음이 해이해지고 육신의 생각에 붙잡히게 됩니다. 그래서 나는 새벽마다 일어나서 하나님 앞에 엎드려 기도하며 찬송합니다.

"성령이여, 강림하사 나를 감화하시고 애통하고 회개할 맘 충만하게 하소서. 예수여, 예수여."

그리고 하나님 앞에서 회개하며 기도합니다.

지금은 하나님이 우리 안에, 우리 앞에 와 계십니다.

우리는 오직 기도와 말씀으로 깨어 있어야 합니다.

그리고 기도할 때 애통하며 회개하는 마음이 있어야 합니다. 그렇지 않으면 마음이 자꾸 무뎌집니다. 하나님을 뜨겁게 사랑하며 마음으로 믿는 것이 아니라 생각과 관념을 통해 이성으로만 따지며 종교 생활에 빠지게 됩니다.

자꾸 하나님에게서 마음이 떠나고 세상으로 갑니다.

그럴 때 우리는 어떻게 해야 할까요? 회개하고 돌이켜야 합니다. 항상 뜨거운 믿음을 가져야 합니다. 요한계시록 18장에 여기에 대한 말씀이 나옵니다. 무엇일까요?

하나님의 영광이 빛으로 내게 임했다

"이 일 후에 다른 천사가 하늘에서 내려오는 것을 보니 큰 권세를 가졌는데 그의 영광으로 땅이 환하여지더라." (계 18:1) 여기에 보면 "천사가 하늘에서 내려왔다"고 했습니다. 천사도 그의 영광이 있다면 우리 안에 계신 성령님은 얼마나 큰 영광을 가지고 계시겠습니까?

하나님은 빛이십니다. 그분에게는 어두움이 조금도 없고 회전하는 그림자도 없습니다. 2,000년 전에 이 땅에 사람의 모양으로 오신 하나님의 아들 예수님도 빛이십니다.

성령님도 빛의 영이십니다.

예수님은 모든 천사들의 주인이십니다. 그런 예수님의 종인 천사들은 각자의 권세와 영광을 갖고 있습니다.

"천사의 영광으로 땅이 환해졌다"고 말씀합니다.

하늘에서 내려온 하나님의 심부름꾼인 천사도 큰 권세와 영광을 가졌지만 하늘에서 내려온 주의 성령을 받은 하나님의 종인 우리도 큰 권세와 영광을 가졌습니다.

어떤 권세와 영광일까요?

빛이신 예수님이 주신 전도하는 권세와 영광입니다.

예수님은 "하늘과 땅의 모든 권세를 내게 주셨으니, 그러므로 너희는 가라"고 하셨습니다. 그리고 예수의 영이신 성령님이 우리 위에 영광의 영으로 임하셨습니다.

이것을 두고 성경은 이렇게 말씀합니다.

"주의 성령이 내게 임하셨으니 이는 가난한 자에게 복음을 전하게 하시려고 내게 기름을 부으시고 나를 보내사 포로 된 자에게 자유를, 눈 먼 자에게 다시 보게 함을 전파하며 눌린 자를 자유롭게 하고 주의 은혜의 해를 전파하게

하려 하심이라.”(눅 4:18~19)

우리는 천사도 흠모할 만한 직분을 받았습니다. 무엇일까요? 예수님을 증언하는 ‘복음 전도자’의 직분입니다.

하늘에서 내려온 천사의 영광으로 인해 땅이 환해졌다고 했는데, 예수님을 모신 우리가 가는 곳마다 그런 영광의 빛이 비취게 됩니다. 우리를 통해 땅이 환해집니다.

당신은 그런 경험을 한 적이 없습니까?

당신이 가는 곳마다 그곳이 환해지는 것은 당신 안에 하나님의 영광이 가득하고 그 영광이 당신을 덮고 있기 때문입니다. 그 영광은 곧 성령님이십니다.

이사야 60장 19절에 “오직 여호와가 네게 영원한 빛이 되며 네 하나님이 네 영광이 되리니”라고 했습니다.

그렇습니다. 오직 여호와의 영 성령님이 당신에게 영원한 빛이 되며 그분이 당신의 가장 큰 영광이 되십니다.

주의 성령이 당신 안에, 당신 위에 임하였습니다.

당신은 성령 충만한 삶을 살며, 성령의 권능을 갖고 불쌍한 영혼들에게 다가가서 그들을 전도해야 합니다.

전도는 내 힘으로 되지 않습니다. 하지만 성령님이 주시는 지혜와 지식을 가지고 가면 그들을 쉽게 전도할 수 있습니다. 하나님의 자녀의 권세를 가지고 가면, 가는 곳마다 어두운 곳이 밝아지고 싸움과 혼란이 멈춥니다.

당신과 함께 계신 성령님으로 인해 그곳에 하나님의 나라가 권능으로 임합니다. 그러면 악한 영들이 견디지 못하고 떠나가게 됩니다. 세상 사람들도 그렇습니다. 그들이 아무리 많이 배우고 지식과 이론이 많아도 하나님의 사람인 당신을 당하지 못합니다. 강하고 담대하십시오.

때가 악합니다. 마귀는 우는 사자 같이 삼킬 자를 찾는데, 어떻게 역사할까요? 사람 안에서 사람을 통해 역사합니다. 어떤 사람 속에 들어가서 그 사람을 통해 삼킬 자를 찾는 것입니다. 그러므로 사람을 조심해야 합니다.

예수님께서 말씀하셨습니다.

"사람들을 조심하라."(마 10:17)

하나님도 사람 안에서 사람을 통해 역사하십니다.

하나님의 사람은 성령의 권능을 가지고 담대하게 나가야 합니다. 성령님은 개인의 믿음에 따라 강하게 역사하십니다. 그러므로 성령의 사람이 있는 곳에 가야 합니다.

성령의 사람이 말하는 곳에 가면 당신의 가슴에 다시 뜨거운 불이 붙습니다. 당신의 믿음이 떨어졌습니까? 그러면 즉시 하나님의 사람을 찾아가십시오. 그리고 그 사람을 육신의 눈으로 바라보지 말고 그를 통해 주시는 성령님의 만지심을 기대하십시오. 그럴 때 당신의 떨어진 믿음이 회복됩니다. 바울은 믿음의 아들 디모데에게 말했습니다.

"내가 안수함으로 은사를 불일듯 하게 한다."

마귀는 이 땅에서 계속 돌아다닙니다.

그 마귀가 무엇을 볼까요? 사람의 외모가 아닌 마음을 봅니다. 그리고 마귀는 이렇게 중얼거립니다.

"저 사람이 정말 믿음으로 무장했는가?"

그렇지 않다면 바로 치고 들어옵니다.

모든 일에 믿음이 가장 중요합니다.

"사랑이 더 중요하지 않나요?"

믿음이 없이는 사랑할 수 없습니다. 어떤 사람을 사랑한다고 할 때 그 사랑의 기반은 믿음입니다. 믿지 않으면 사랑할 수 없습니다. 믿을 때 사랑할 수 있습니다.

나는 지금까지 살면서 모든 일을 믿음으로 했습니다.

자녀와 남편, 그 외에 모든 사람들을 대할 때도 믿음으로 대했습니다. 그리고 그들보다 주님을 더욱 믿고 의지하며 그분을 사랑하는 마음으로 늘 깨어 있었습니다.

하나님이 내게 주신 믿음을 빼앗기지 않고 지키려고 애썼습니다. 마귀는 주위 사람을 통해 내 믿음을 빼앗아 가려고 했습니다. 그들을 통해 내게 문제가 생기면 나는 기도하며 하나님의 입에서 나오는 말씀을 사모했습니다.

"하나님, 제가 사람들보다 하나님을 더 많이 사랑합니다. 어떻게 하면 되는지 저에게 말씀해 주세요."

나는 하나님의 말씀을 철저히 붙들었습니다.

어려움이 올 때마다 정신을 바짝 차리고 깨어 있었습니다. 오직 말씀을 따라 살려고 성령님을 의지했습니다. 그랬기 때문에 모든 시험과 시련을 이길 수 있었습니다.

하나님은 모든 것을 합력하여 선을 이룬다고 하셨습니다. 우리는 어떤 문제와 어려움이 와도 그런 것 때문에 하나님을 믿고 사랑하는 마음을 빼앗기면 안 됩니다.

그런 문제들은 마귀가 일으키는 것입니다.

마귀는 지금도 살아서 돌아다닙니다. 마귀에게 당하지 않고 하나님의 일을 하려면 기도를 많이 해야 합니다.

그래서 바울은 "기도로 항상 깨어 있으라. 항상 성령 안에서 기도하라"고 했던 것입니다. 지금은 악한 시대입니다. 사람들이 문제를 갖고 고통스러워하면 그 문제에 같이 휘둘리지 말고 예수 이름으로 명령하며 다스리십시오.

그리고 그들을 위해 축복하며 기도하십시오. 그 문제보다 크신 하나님을 바라보십시오. 사람의 목소리가 아닌 하나님의 음성에 귀를 기울이고 믿음으로 행하십시오. 그러면 어느 날 문제의 산이 하루 만에 옮겨질 것입니다.

마귀를 대적하고 강한 자를 결박하라

당신은 매일 강한 자를 결박합니까?

이 땅에서의 삶은 악한 영들과의 영적인 전쟁입니다.

"힘찬 음성으로 외쳐 이르되 무너졌도다 무너졌도다 큰 성 바벨론이여 귀신의 처소와 각종 더러운 영이 모이는 곳과 각종 더럽고 가증한 새들이 모이는 곳이 되었도다 그 음행의 진노의 포도주로 말미암아 만국이 무너졌으며 또 땅의 왕들이 그와 더불어 음행하였으며 땅의 상인들도 그 사치의 세력으로 치부하였도다 하더라."(계 18:2~3)

여기서 바벨론은 '이 세상'을 상징합니다.

이 세상은 어떤 곳입니까? 세상 임금 마귀가 장악하고 있습니다. 세상 임금 마귀는 예수님이 십자가에서 죽으시고 부활하시는 순간 심판을 받았습니다. 정사와 권세가 다 벗겨졌습니다. 그는 더 이상 힘이 없습니다.

오직 한 가지 '미혹하는 능력'만 남아 있습니다.

그는 거짓말쟁이요 거짓의 아비입니다. 그는 사람들이 복음을 믿지 못하도록 거짓말을 하며 속입니다. 그는 자신의 졸개인 악한 영을 보내 온갖 거짓말을 하며 사람들을 괴롭힙니다. 악한 영이 돌아다니며 사람들 속에 들어가 그를 통해 믿음의 사람들을 무너뜨리려고 공격합니다.

음녀는 곧 복음에서 떠나게 만드는 '미혹의 영'을 말합니다. 그런 영들을 가만 두지 말고 예수 이름으로 결박해야 합니다. 예수님께서 말씀하셨습니다.

"강한 자를 결박하라."

"사람이 먼저 강한 자를 결박하지 않고서야 어떻게 그 강한 자의 집에 들어가 그 세간을 강탈하겠느냐 결박한 후에야 그 집을 강탈하리라."(마 12:29)

당신에게 묶고 푸는 권세가 있습니다.

당신이 예수 이름으로 땅에서 묶으면 하늘에서도 묶이고 당신이 땅에서 풀면 하늘에서도 풀립니다. 하지만 이런 큰 권세가 있어도 사용하지 않으면 아무 소용없습니다.

악한 영들은 성령님의 역사를 방해하는 일을 합니다.

그들은 사람들 속에 들어가 성령님이 하시는 일을 모독하고 거역하게 만듭니다. 당신은 그런 일에 동참하지 말고 믿음을 굳게 하여 마귀를 대적하십시오.

"마귀를 대적하라. 그러면 너희를 피하리라."

하나님의 사람은 어떤 경우에도 두려워하지 말아야 합니다. 마귀는 두려움을 통해 사람들을 괴롭힙니다.

"하나님이 우리에게 주신 것은 두려워하는 마음이 아니요"라고 했습니다. 두려움은 모두 마귀가 주는 것입니다.

"예수 이름으로 두려움은 물러가라"고 명령하며 대적하십시오. 하나님의 나라가 권능으로 임하기를 간절히 구하십시오. 이 기도가 다른 어떤 기도보다 중요합니다. 하나님의 나라가 권능으로 임하면 어둠의 권세가 다 무너지기 때문입니다. 예수님이 말씀하셨습니다.

"여기 서 있는 사람 중에는 죽기 전에 하나님의 나라가 권능으로 임하는 것을 볼 자들도 있느니라."(막 9:1)

그리고 며칠 후에 산에서 그런 일이 일어났습니다.

어떻게 그런 일이 생겼습니까? 예수님이 그곳에서 오래 기도하셨기 때문입니다. 예수님은 "아버지의 나라가 임하옵시며"라고 간절히 기도하셨고 그 응답으로 인해 하나님의 나라가 권능으로 강하게 임했던 것입니다.

또한 "아버지의 뜻이 하늘에서 이룬 것 같이 땅에서도 이루어지이다"라고 기도하셨기 때문에 그 응답으로 산 아래에 내려가서 귀신들린 아이를 치유하셨습니다.

하나님의 성령을 받지 않으면 하나님의 깊이를 모릅니다. 인간의 지식으로는 하나님을 알 수 없습니다. 인간의 지식은 교만하게 하며, 그 지식으로 사람을 판단합니다.

그러나 믿음의 사람은 하나님이 성령을 부어 주셨기 때문에 성령을 통해 모든 일을 보고 느끼고 행합니다.

그들은 육체를 따라 자신의 잘난 것을 자랑하며 일하는 것이 아니라 오직 하나님이 주신 영력과 영권을 가지고 영적인 싸움을 합니다. 바울은 "우리의 씨름은 혈과 육이 아니요"라고 했습니다. 성경에서 "아니요"라고 했으면 아닌 줄로 알아야 합니다. 그런데 많은 사람들이 이걸 모르고 눈에 보이는 혈과 육 곧 '사람'과 싸우려고 합니다.

우리는 이 세상의 눈에 보이는 나라나 정치가들, 지인들과 싸우는 것이 아닙니다. 눈에 보이는 현상을 붙들고 그것과 싸워 이기겠다고 진을 빼면 안 됩니다.

이 세상의 왕들과 관원들은 모두 눈에 보이는 혈과 육입니다. 우리는 그들과 싸우는 것이 아니라 그 배후에 있는 악한 영들과 싸워야 합니다. 그들 배후에 있는 영들을 보고 분별해야 합니다. 이것이 곧 믿음의 싸움입니다.

믿음의 세계는 성경 말씀과 성령님의 도우심을 통해 알 수 있습니다. 믿음을 가진 사람은 악한 영에게 미혹 당하지 않습니다. 정신을 차리고 깨어 있습니다. "믿음의 선한 싸움을 싸우라"(딤전 6:12)고 했습니다. 하나님이 당신에게 주신 믿음을 지키기 위해 악한 영들과 싸우십시오.

세상으로부터 나와 거룩한 백성으로 살라

세상 사람들의 죄에 참여하지 마십시오.

"또 내가 들으니 하늘로부터 다른 음성이 나서 이르되 내 백성아, 거기서 나와 그의 죄에 참여하지 말고 그가 받을 재앙들을 받지 말라. 그의 죄는 하늘에 사무쳤으며 하나님은 그의 불의한 일을 기억하신지라.”(계 18:4~5)

우리는 하나님의 자녀로 목자이신 성령님의 인도하심을 받으며 살아야 합니다. 세상 사람들처럼 우상을 숭배하지 말고 음녀인 거짓 선지자를 따르지 말아야 합니다.

우상 숭배의 죄에 참여하면 큰 재앙을 받습니다.

우리는 ‘거룩한 백성’입니다. “거룩하다”는 말은 ‘구별되었다’는 뜻입니다. 구별된 사람은 죄인과 악인들과 섞이지 말고 그들에게서 나와서 따로 있어야 합니다.

그들을 만나지 말라는 말이 아닙니다. 복음을 전하기 위해서는 만나야 합니다. 그 이상 곧 인간적으로 친해지거나 인정받고 칭찬받기 위해서는 만나지 말아야 합니다.

이렇게 말씀드리며 성령님께 도움을 구하십시오.

“성령님, 오늘도 복음을 전하기 위해 모든 사람을 만나게 해주세요. 잡담은 하지 않게 해주세요. 부정적인 것은 말하지도 듣지도 보지도 옮기지도 않게 해주세요.”

시편에 말했습니다. “복 있는 사람은 죄인의 길에 서지 않는다.” 믿지 않는 사람은 죄인입니다. 그들이 아무리 선행과 구제를 많이 해도 하나님이 보시기에는 죄인이며 천국에 못 들어갑니다. 그들은 하나님의 뜻을 모릅니다.

그들은 인간의 뜻과 생각으로 모든 일을 합니다.

사람의 선행과 구제, 도를 닦음과 고행 등의 행위로는 한 명도 구원을 얻을 수 없습니다. 오직 하나님의 아들 예수 그리스도가 흘리신 보혈을 믿음으로 구원을 얻습니다.

눈에 보이는 선한 말과 행실에 미혹되지 마십시오. 믿음의 주요 온전케 하시는 이인 예수 그리스도를 바라보십시오. 다른 이로써는 절대 구원을 얻을 수 없습니다.

우리는 모든 일에 성령님의 인도하심을 받아야 합니다.

날마다 성령으로 충만한 삶을 살아야 합니다. 성령님께 성경 말씀을 깨닫게 해 달라고 기도해야 합니다. 또한 우리는 정신을 차리고 성령 안에서 깨어 기도해야 합니다.

"성령을 소멸치 말라"(살전 5:19)고 했습니다.

성령을 소멸하지 마십시오. 성령님은 하나님이시며 우리 안에 실제로 계십니다. 그분을 인격적으로 존중하며 성령 안에서 무시로 기도하십시오. 기도에 힘써야 하나님을 향한 내 생각과 내 마음 곧 믿음을 빼앗기지 않습니다.

예수님은 제자들에게 "시험에 들지 않기 위하여 깨어 기도하라"고 하셨습니다. 예수님 자신도 기도하셨습니다.

기도하지 않으면 언제든지 시험에 들 수 있습니다.

기도하지 않으면 마음에 염려와 근심, 낙심과 좌절이 들어옵니다. 이 땅에 사는 동안 늘 깨어 있고 정신을 차리고 기도해야 합니다. 낙심과 염려가 생겼다고요?

이렇게 명령하며 마귀를 대적하십시오. "염려와 두려움을 주는 악한 영들아, 예수 이름으로 명하노니 떠나가라."

마귀는 부정적인 생각과 의심의 가라지를 자꾸 뿌립니다. 그런 마귀의 세력을 대적하지 않으면 당합니다.

나쁜 가라지의 영을 예수 이름으로 꾸짖지 않고 그대로 두면 얼마 후에는 내 안으로 쏙 들어와 뿌리를 내리고 기생합니다. 그러면 염려와 근심, 두려움과 불안에 사로잡히게 되고 질병과 연약함, 예상치 못한 사고가 생깁니다.

성령님은 '예수 이름'으로 오셨습니다. 예수님이 "내 이름으로 보낸 보혜사 성령"이라고 하셨습니다. 이처럼 성령님이 예수 이름을 가지고 우리 안에 오셨는데 왜 안 나타납니까? 예수 이름으로 명령하지 않기 때문입니다.

예수 이름으로 명령하는 것은 하늘에 계신 예수님이 대신 해주지 않습니다. 당신이 직접 명령해야 합니다.

예수님이 말씀하십니다. "너희가 입을 열어 내 이름으로 명령해야 한다. 내 이름을 전하고 내 이름으로 기도하라. 내 이름으로 마귀를 대적하라. 내 이름으로 귀신을 쫓아내라. 내 이름으로 병든 사람에게 손을 얹어라."

성경에 다 있는데 왜 실천하지 않습니까?

예수님께서 제자들에게 말씀하셨습니다.

"너희는 온 천하에 다니며 만민에게 복음을 전파하라.

믿고 세례를 받는 사람은 구원을 얻을 것이요 믿지 않는 사람은 정죄를 받으리라. 믿는 자들에게는 이런 표적이 따르리니 곧 그들이 내 이름으로 귀신을 쫓아내며, 새 방언을 말하며, 뱀을 집어올리며, 무슨 독을 마실지라도 해를 받지 아니하며, 병든 사람에게 손을 얹은즉 나으리라 하시더라. 주 예수께서 말씀을 마치신 후에 하늘로 올려지사 하나님 우편에 앉으시니라. 제자들이 나가 두루 전파할새 주께서 함께 역사하사 그 따르는 표적으로 말씀을 확실히 증언하시니라."(막 16:15~20)

예수 이름으로 명령할 때 먼저 자신에게 해야 합니다.

자신이 먼저 예수 이름을 믿고 구원을 얻어야 합니다.

자신이 먼저 예수 이름으로 자신을 괴롭히는 귀신을 쫓아내야 합니다. 자신이 먼저 예수 이름으로 새 방언을 말해야 합니다. 자신이 먼저 예수 이름으로 자신의 병든 부위에 손을 얹어야 합니다. 이 모든 것이 자신에게서부터 시작됩니다. 자신에게는 안 하면서 다른 사람에게만 하려고 하면 문제가 생깁니다. 나는 껍데기이면서 다른 사람에게 알곡이 되라고 할 수는 없습니다. 나 자신이 먼저 믿음으로 무장하고 마귀를 대적해야 합니다.

기도와 말씀으로 무장하십시오.

말씀을 읽고 연구하십시오. 자신의 질병부터 대적하십

시오. 그냥 말하면 악한 영과 질병이 안 나갑니다. 기도를 많이 하고 예수 이름으로 꾸짖으며 명령해야 합니다.

예수님이 제자들에게 말씀하셨습니다. "기도 외에 다른 것으로는 이런 유가 나갈 수 없느니라."(막 9:29)

예수님이 십자가에서 다 이루셨습니다.

이제 우리는 기도와 말씀, 예수 이름의 권세를 통해 이 모든 것을 받아 누려야 합니다. 종일 기도하고 말씀을 연구하십시오. 그리고 예수 이름으로 명령하십시오.

그러면 모든 문제가 해결됩니다.

기도하면 성령님의 세미한 음성이 들립니다. 기도하면서 말씀을 연구하면 깨달음이 옵니다. 기도하지 않으면 육신의 힘으로 하기 때문에 아무것도 얻을 수 없습니다.

질병이 있습니까? 이렇게 명령하십시오.

"예수 이름으로 명하노니 내게 질병을 주는 모든 더러운 영들은 떠나가라. 예수 이름으로 병든 자에게 손을 얹은즉 낫는다고 했으니 나는 다 나았다."

증상과 통증, 현상을 말하지 말고 나았다고 믿고 대적하십시오. 질병과 문제, 염려와 근심에 마음을 빼앗기지 마십시오. 기도하고 구하는 것을 받았다고 믿고 당신이 해야 할 일 곧 마귀를 대적하는 일만 하면 됩니다. 그러면 모든 문제가 해결되고 믿음으로 승리할 수 있습니다.

악한 자의 형통을 부러워하지 말라

"그가 준 그대로 그에게 주고 그의 행위대로 갑절을 갚아 주고 그가 섞은 잔에도 갑절이나 섞어 그에게 주라. 그가 얼마나 자기를 영화롭게 하였으며 사치하였든지 그만큼 고통과 애통함으로 갚아 주라. 그가 마음에 말하기를 '나는 여왕으로 앉은 자요 과부가 아니라. 결단코 애통함을 당하지 아니하리라' 하니 그러므로 하루 동안에 그 재앙들이 이르리니 곧 사망과 애통함과 흉년이라. 그가 또한 불에 살라지리니 그를 심판하시는 주 하나님은 강하신 자이심이라."(계 18:6~8)

악한 자의 형통을 부러워하지 마십시오.

"음녀를 따르며 우상을 숭배하는 악한 자에게는 하루 동안에 모든 재앙들이 임한다"고 했습니다. 그들은 자신이 여왕인 줄 알지만 하나님은 그들이 과부라고 하십니다.

그들은 "내가 죄를 짓고 우상을 숭배하며 마음대로 살아도 결단코 애통함을 당하지 않는다"고 하지만 하나님은 하루 동안에 사망과 애통함과 흉년이 이른다고 하십니다.

물론 하나님은 그들이 망하기를 원치 않으십니다.

하나님은 모든 사람이 회개하기를 원하십니다.

하나님은 소멸하는 불이십니다. 하나님은 성령으로 오

셨습니다. 성령님은 불같은 분입니다. 불은 '소멸과 심판'을 상징합니다. 무엇을 소멸하고 심판합니까?

마귀의 일입니다. "하나님의 아들이 나타나신 것은 마귀의 일을 멸하려 하심이라"(요일 3:8)고 했습니다.

예수님은 두루 다니시며 착한 일을 행하시고 마귀에게 눌린 모든 자를 고치셨습니다. 이는 하나님이 함께 하셨기 때문에 가능했습니다. 하나님이 어떻게 함께 하셨습니까?

주의 성령을 통해서입니다. 예수님이 말씀하셨습니다.

"주의 성령이 내게 임하셨으니 이는 가난한 자에게 복음을 전하게 하시려고 내게 기름을 부으시고 나를 보내사 포로 된 자에게 자유를, 눈 먼 자에게 다시 보게 함을 전파하며 눌린 자를 자유롭게 하고 주의 은혜의 해를 전파하게 하려 하심이라."(눅 4:18~19)

이 말씀은 이제 당신에게 주어졌습니다.

예수님은 그분의 일을 끝내시고 하늘로 올라가셨고 보좌 우편에 앉아 계십니다. 그리고 이제는 예수 이름으로 성령이 오셨습니다. 성령님은 믿는 자들 속에서 그들과 함께 일하십니다. 그러므로 우리는 예수님이 하신 것처럼 늘 깨어 기도하며 성령님의 음성에 귀 기울여야 합니다.

성령님과 함께 온 천하에 다니며 만민에게 복음을 전해야 합니다. 성령님은 기도 응답을 통해 일하십니다.

예수님은 "내 이름으로 무엇이든지 구하라"고 하셨습니다. 왜 구해야 합니까? 내 힘으로 못 하기 때문입니다.

성경에 "주 하나님은 강하신 분이라"고 했습니다.

그러나 기도하지 않을 때 성령의 나타나심은 없고 육신의 힘으로 모든 문제에 부딪혀야 합니다. 그러면 마귀에게 당합니다. 기도할 때 성령의 나타나심이 있습니다. 그래서 예수님도 이 땅에 계실 때 계속 기도하셨던 것입니다.

"항상 기도하며 깨어 있으라."(눅 21:36)

예수님은 사역하기 전에 새벽 미명에 오래 기도하셨고 사역하시는 중에도 한적한 곳에 따로 가서 오래 기도하셨고 사역이 끝난 후에도 밤에 홀로 기도하셨습니다.

그분은 기도로 하루를 시작하고 기도로 하루를 살고 기도로 하루를 끝내셨습니다. 그렇다면 우리도 예수님처럼 오래 기도해야 합니다. 기도에 헌신하기 바랍니다.

기도할 때 천군 천사들이 움직입니다.

천사장 중에는 가브리엘, 미가엘, 루시엘이 있습니다.

가브리엘은 우리의 기도에 기쁜 소식으로 응답을 가지고 오는 천사입니다. 미가엘은 우리의 기도에 따라 영적 전쟁을 하는 천사입니다. 루시엘은 하나님 앞에서 찬양으로 영광 돌리다가 교만하여져서 쫓겨난 천사입니다. 루시엘은 공중 권세 잡은 자와 이 세상 신이 되었습니다.

우리도 몰랐을 때는 이 세상 신을 좇으며 우상 숭배했습니다. 하지만 이제는 예수 안에 들어와서 새로운 피조물이 되었습니다. 우리는 오직 하나님만 경배합니다.

마귀는 하나님께 심판을 받았고 지옥에 갈 것입니다.

마귀는 혼자 지옥에 가려니 억울하다며 수많은 영혼들을 끌고 가려고 우상 숭배로 미혹하고 있습니다.

그는 믿는 자들까지도 유혹하여 예수를 못 믿도록 온갖 거짓말로 속이고 마음에 의심을 불러일으킵니다.

마귀는 불신자들 속에 들어가 믿는 자들을 대적하므로 믿음을 약화시키고 온갖 계책으로 믿는 자들을 박해합니다. 하지만 우리는 그들을 능히 이길 수 있습니다.

성령님이 마귀보다 큰 권능을 가지고 오셨기 때문입니다. 이렇게 결단하기 바랍니다. "나는 마귀에게 당하지 않겠다. 하나님이 주신 힘과 권세로 마귀를 대적하겠다. 그리고 늘 겸손한 마음으로 성령님의 음성을 듣겠다."

성령이 각 교회들에게 하신 말씀을 들어야 합니다.

각 교회가 무엇입니까? 건물이 아닙니다. 이제는 각 사람의 몸이 교회가 되었습니다. 예수 이름으로 두세 사람만 모여도 교회입니다. "두세 사람이 내 이름으로 모인 곳에는 나도 그들 중에 있느니라."(마 18:20)

요즘 교회들이 기도가 많이 약해졌습니다.

우리는 다시 뜨거운 옛 신앙을 회복해야 합니다.

애통하고 회개하며 더욱 깨어 기도에 힘써야 합니다.

처음 사랑을 회복해야 합니다. 그러려면 처음 믿음을 가져야 합니다. "오직 의인이 믿음으로 살리라"고 했습니다. 처음 믿음을 회복하십시오. 믿음을 잃으면 다 잃는 것입니다. 믿음을 굳세게 하여 마귀를 대적하십시오. "너희는 믿음을 굳건하게 하여 그를 대적하라."(벧전 5:9)

그리고 기도하고 구하는 것은 받은 줄로 믿는 '믿음의 기도'를 하십시오. 믿음의 기도를 하면 하나님이 응답하시고 도우십니다. 믿음의 기도를 하지 않으면 하나님의 도우심의 손길이 없으니까 마귀가 와서 공격합니다.

믿음의 기도가 무엇입니까? "무엇이든지 기도하고 구하는 것은 받은 줄로 믿으라. 그리하면 너희에게 그대로 되리라"(막 11:24)고 했습니다. 기도하고 구하는 것은 받은 줄로 믿고 조금도 의심하지 마십시오. 그러면 응답이 옵니다. 믿음의 기도는 힘이 막강합니다.

믿음의 기도는 병든 자를 구원합니다.

믿음의 기도는 역사하는 힘이 많습니다.

마귀는 믿음의 사람을 공격합니다. 그들의 정신을 혼미케 하고 접촉 사고가 나게 하고 각종 연약함과 질병이 생기게 합니다. 그런 것 때문에 주눅 들지 말고 예수 이름으로 대적하며 믿음의 선한 싸움을 싸우십시오.

믿음에는 어느 정도 시련이 있습니다. 그 시련이 우리를 온전케 합니다. "이는 세상에 있는 너희 형제들도 동일한 고난을 당하는 줄을 앎이라"(벧전 5:9)고 했습니다.

나도 그동안 많은 시련이 있었지만 믿음으로 다 이겨냈습니다. "세상을 이긴 이김은 이것이니 곧 우리의 믿음이라"고 했습니다. 내게 어려움이 와도 "하나님을 믿는 믿음으로 살면 모든 것이 합력하여 선을 이룬다"고 선포하며 이겨냈습니다. 당신도 믿음으로 승리하기 바랍니다.

나는 어디를 가서 누구를 만나든 그 사람의 믿음을 보지 외모를 보지 않습니다. 세상에서 아무리 대단한 사람이라도 외모로 판단하지 않습니다. 믿음이 가장 중요합니다.

믿음이 없으면 하나님을 기쁘시게 할 수 없습니다.

히브리서 11장 6절에 분명히 말씀합니다.

"믿음이 없이는 하나님을 기쁘시게 하지 못하나니 하나님께 나아가는 자는 반드시 그가 계신 것과 또한 그가 자기를 찾는 자들에게 상 주시는 이심을 믿어야 할지니라."

믿음이 연약한 사람을 만나면 어떻게 해야 할까요?

그를 위해 기도해 주고 믿음의 말씀을 전해 주면 됩니다. 인간적인 위로는 하지 마십시오. 어떤 경우에도 당신의 믿음을 지키고 하나님이 주신 사명을 붙드십시오.

마지막 때는 더 기도해야 하며 더 분별해야 합니다.

더 믿음으로 살며 악한 영의 정체를 알고 대적해야 합니다. 정신을 차리고 깨어 기도해야 합니다. 천국 가는 그 날까지 우리는 악한 마귀와 영적 싸움을 해야 합니다.

세상과 타협하지 말고 오직 믿음으로 삽시다.

우리는 이미 다 이겼습니다.

예수 이름을 생각하며 감사하라

당신은 지혜 있는 자 같이 행동하고 있습니까?

나는 하나님께 지혜를 받았기 때문에 지혜 있는 자 같이 행동합니다. 내가 그렇게 할 수 있는 것은 '생각하기' 때문입니다. 무엇을 생각할까요? 하나님의 말씀입니다.

시편 94편 8절에 "백성 중의 어리석은 자들아, 너희는 생각하라"고 했습니다. 생각할 때 지혜가 임합니다.

하나님의 말씀을 읽고 묵상할 때도 한 구절 한 구절 깊이 생각해야 합니다. 아무 생각 없이 성경을 읽으면 깨달음이 없고 하나님의 은혜를 알 수 없습니다.

성경 전체는 예수님에 대한 이야기입니다. 그러므로 성경을 읽고 묵상할 때 예수를 깊이 생각해야 합니다.

"예수를 깊이 생각하라."(히 3:1)

또한 살아가면서 어떻게 생각해야 하는지 주의해야 합니다. 여기에 대한 깨달음을 나누고자 합니다.

어떻게 행할지 자세히 주의하라

"그런즉 너희가 어떻게 행할지를 자세히 주의하여 지혜 없는 자 같이 하지 말고 오직 지혜 있는 자 같이 하여."(엡 5:15) 우리는 어떻게 행할지를 자세히 주의해야 합니다.

오직 성령님이 주시는 지혜로 살아가야 합니다.

그리고 지혜 있는 자 같이 담대하게 행동해야 합니다.

지혜 있는 자 같이 행동하려면 먼저 자신에게 지혜가 있다는 사실을 알고 인정해야 합니다. 지혜가 무엇일까요? 바로 '예수님'입니다. 예수님은 솔로몬보다 억만 배나 큰 지혜자이시며 솔로몬에게 지혜를 주신 분입니다.

예수님은 "지혜는 그 행한 일로 인하여 옳다 함을 얻느니라"(마 11:19)고 하셨는데 여기서 지혜는 예수님 자신을 가리킨 것입니다. 이러한 예수님을 모신 사람은 지혜를 가진 사람입니다. 지혜를 가진 사람은 바보가 아닌 천재입니다. 자신을 바보라고 말하지 마세요.

예수님은 마태복음 5장 22절에 "나는 너희에게 이르노니 형제에게 노하는 자마다 심판을 받게 되고 형제를 대하여 라가라 하는 자는 공회에 잡혀가게 되고 미련한 놈이라 하는 자는 지옥 불에 들어가게 되리라"고 하셨습니다.

세상에서 가장 가까운 형제는 바로 자신입니다.

예수님을 모신 사람은 자신을 향해 '바보, 미련한 놈'이라고 말하면 안 됩니다. "나는 그리스도 안에서 천재다. 내 안에 지혜가 가득하다"고 말해야 합니다. 그리고 지혜로운 자처럼 행동해야 합니다. 지혜로운 자는 죄인의 길에 서지 않고 악인의 꾀를 좇지 않습니다. 하나님을 경외합니다.

당신 안에 지혜의 영이신 성령님이 가득히 들어와 계십니다. 그러므로 이 세상을 살아 갈 때 지혜롭지 못한 사람처럼 살지 말고 지혜로운 사람답게 살아야 합니다.

"어떻게 행할지를 자세히 주의하라"고 했는데 어떻게 그것이 가능할까요? 이것은 "세상을 알고 세상 사람들이 어떻게 사는지 살피고 연구하라"는 것이 아닙니다.

세상 사람들은 마귀의 자식입니다. 그들의 삶은 온갖 방탕함과 더러움과 악함에 처해 있습니다. 우리가 어떻게 살아야 할지는 성경에 다 나와 있습니다.

소돔과 고모라 때나 지금이나 사람들은 똑같습니다.

지금이 그때보다 더 악한 것이 아닙니다. 창세 이후에 아담과 하와의 타락으로 인해 세상에 죄가 들어왔고 그때부터 살인과 전쟁, 간음과 도둑질 등이 만연했습니다.

이 모든 것은 악한 마귀 때문입니다. 우리는 성경을 통해 마귀의 계책을 알고 대적해야 합니다.

소중한 인생, 세월을 아끼라

"세월을 아끼라. 때가 악하니라."(엡 5:16)

하나님이 주신 한번뿐인 소중한 인생을 단순히 일하고 먹고 마시고 노는 것에만 소모해서는 안 됩니다. 하나님의 뜻을 이루기 위해 귀한 세월을 아껴야 합니다.

하나님을 믿고 내 영혼을 충전시키기 위해 기도하고 말씀을 묵상해야 합니다. 초대교회 사도들은 잡다한 일을 하다가 오직 한 가지에 힘쓰기로 뜻을 정했습니다.

무엇일까요? "우리는 오로지 기도하는 일과 말씀 사역에 힘쓰리라"(행 6:4)였습니다. 우리도 기도와 말씀으로 성령 충만해야 합니다. 성령님의 기름 부으심이 내 안에만 가득한 것이 아니라 바깥으로 흘러 나가게 해야 합니다.

당신도 기도와 말씀에 힘쓰기 바랍니다.

거룩하게 살겠다고 뜻을 정하라

나는 이렇게 뜻을 정했습니다.

"나는 육신적인 생각을 따라 세속적으로 살지 않겠다. 기도와 말씀으로 성령의 충만함을 받고 성령의 술에 취해 살겠다. 나는 세상과 다른 하나님의 거룩한 백성이다."

당신도 마음과 생각으로 뜻을 정하십시오.

하나님의 뜻대로 살고 거룩하게 살겠다고 결단하십시오. 그리고 성령님께 도움을 구하십시오.

"성령님, 이렇게 살겠다고 결단했습니다. 하지만 제 힘으로는 안 됩니다. 성령님께서 도와주세요."

그러면 성령님이 실제로 도와주십니다.

"그러므로 어리석은 자가 되지 말고 오직 주의 뜻이 무엇인가 이해하라."(엡 5:17)

주의 뜻이 무엇인가 이해하고 결단할 때 인생이 바뀝니다. 결단이 정말 중요합니다. "결단"을 다른 말로 하면 '뜻을 정한다'는 것입니다. 다윗도 종일 기도하고 찬송하기로 뜻을 정했고 다니엘도 더러운 음식을 먹지 않고 하루 세

번 기도하겠다고 뜻을 정했습니다. 뜻을 정하십시오.

뜻을 정하지 않은 사람을 하나님이 도와주시는 경우는 없습니다. 왜일까요? 하나님은 각 사람의 자유 의지를 존중하기 때문입니다. 인생을 어떻게 살 것인지 종이에 적고 그렇게 살게 해 달라고 도움을 구해야 합니다.

매일 한 시간씩 기도하겠다고 뜻을 정하지 않았는데 어떻게 한 시간을 기도할 수 있겠습니까? 5분, 10분도 하기 힘듭니다. 뜻을 정하면 한 시간 기도할 수 있고 두 시간, 세 시간도 기도할 수 있습니다. 성경을 읽는 것도 그렇습니다. 하루에 몇 장 읽겠다고 뜻을 정해야 합니다.

내가 이렇게 책을 써내는 것도 뜻을 정했기 때문입니다. 책을 써내겠다는 뜻을 정하지 않았다면 성령님이 도와주실 리가 없습니다. 뜻을 정하니까 책을 써낼 수 있도록 지혜와 지식과 방법 등 모든 것을 공급해 주셨습니다.

앞으로 어떻게 살겠다는 구체적인 꿈과 소원을 가지고 뜻을 정하기 바랍니다. 하나님이 당신을 부르시고 어떤 일을 하라고 지시하십니다. 하지만 그 음성에 순종하겠다고 뜻을 정하고 힘쓰는 것은 당신이 해야 하는 일입니다.

바울은 아시아로 가려다가 성령님이 막으시므로 드로아에 내려갔는데, 그곳에서 마게도냐 사람이 자기를 손짓하며 도와 달라고 부르는 환상을 보았습니다. 그때 마게도냐로 가겠다고 뜻을 정하고 그렇게 하려고 힘썼습니다.

"성령이 아시아에서 말씀을 전하지 못하게 하시거늘 그들이 브루기아와 갈라디아 땅으로 다녀가 무시아 앞에 이르러 비두니아로 가고자 애쓰되 예수의 영이 허락하지 아니하시는지라. 무시아를 지나 드로아로 내려갔는데 밤에 환상이 바울에게 보이니 마게도냐 사람 하나가 서서 그에게 청하여 이르되 마게도냐로 건너와서 우리를 도우라 하거늘 바울이 그 환상을 보았을 때 우리가 곧 마게도냐로 떠나기를 힘쓰니 이는 하나님이 저 사람들에게 복음을 전하라고 우리를 부르신 줄로 인정함이러라."(행 16:6~10)

이것이 모든 성공의 비결입니다.

지금도 하나님이 당신 안에 어떤 꿈과 소원을 주시고 당신을 부르고 계십니다. 그럴 때 그 부르심에 순종하겠다고 뜻을 정하고 그것을 이루기 위해 힘써야 합니다.

부르심은 하나님께 있지만 결단은 내가 해야 합니다.

나는 아침에 일어나면 가장 먼저 방언 곧 영의 기도를 30분에서 한 시간 정도 합니다. 그리고 말씀을 읽으면서 깨달음을 얻습니다. 그러면 성령의 감동이 옵니다.

'이것을 전해라.'

나는 그 말씀을 사람들에게 전합니다.

내가 인위적으로 많은 준비를 하는 것보다 성령님이 주

시는 말씀을 전하는 것이 더욱 힘이 있습니다.

당신도 성령님의 기름 부으심이 넘치는 하루를 시작하려면 가장 먼저 시간을 떼어 기도하며 말씀을 읽어야 합니다. 왜 말씀을 읽어야 할까요? 말씀이 가슴에 믿음을 불어넣기 때문입니다. 성경 말씀은 '믿음의 말씀'입니다.

성경을 읽으면 의심이 사라지고 믿음이 가득해집니다.

그러면 담대한 마음으로 하나님께 무엇이든지 구하게 되고 기도하고 구하는 것을 다 받게 되고 인생이 풍성해집니다. "무엇이든지 기도하고 구하는 것은 받은 줄로 믿으라. 그리하면 너희에게 그대로 되리라."(막 11:24)

술에 취하지 말고 성령에 취하라

"술 취하지 말라. 이는 방탕한 것이니 오직 성령으로 충만함을 받으라. 시와 찬송과 신령한 노래들로 서로 화답하며 너희의 마음으로 주께 노래하며 찬송하며."(엡 5:18~19)

이 말씀은 믿음에서 떠나 세상을 따라 방탕한 삶을 살지 말라는 것입니다. 믿음에서 떠나면 옛날에 했던 습관으로 돌아갑니다. 술에 취하며 생활이 방탕해집니다.

믿지 않는 사람들은 이것을 당연한 것처럼 여기며 직장

동료나 세상 친구를 만나 한 잔 두 잔 마시며 술에 취해 술기운으로 삽니다. 그들은 노래방에 가서 어깨동무하고 춤추며 노래합니다. 우리는 그러지 말아야 합니다.

세상 노래가 아닌 신령한 노래를 불러야 합니다.

"시와 찬송과 신령한 노래들로 서로 화답하며 너희의 마음으로 주께 노래하며 찬송하며."(엡 5:19)

당신이 입술을 열어 시와 찬송과 신령한 노래를 불러야 합니다. 당신의 가슴으로 주께 노래하며 찬송해야 합니다.

이것이 성령 충만한 사람의 즐거운 생활입니다.

신령한 노래는 마음이 없이 그냥 부르는 것이 아닙니다. 주님을 사랑하는 마음이 가슴에서 우러나와서 행복한 마음으로 찬송하는 것입니다. 육신의 노래를 부르지 말고 신령한 노래를 부르십시오. 시를 짓고 찬송하십시오.

기도와 말씀을 통해 성령의 충만함을 받고 성령 안에서 춤추며 신령한 노래를 부르며 살아가십시오. 이것은 하나님이 대신 해주시는 것이 아닙니다. 당신이 그렇게 하겠다고 뜻을 정하고 날마다 실천해야 하는 것입니다.

하나님을 사랑하는 사람은 그분을 경외하며 믿음으로 삽니다. 성경은 "오직 의인이 믿음으로 살리라"고 했습니다. 그런 사람에게 모든 것이 합력하여 선을 이룹니다.

하나님의 말씀을 따라 살며 성령의 술에 취해 성령님의

인도하심을 따라 사는 사람은 세상의 모든 어려움을 이겨
낼 수 있습니다. 내 힘으로는 세상을 이길 수 없습니다.

"세상을 이긴 이김은 이것이니 곧 우리의 믿음이라"고
했습니다. 어떤 믿음입니까? 예수 그리스도를 믿는 믿음
이며, 성령님의 인도하심을 받는 믿음입니다.

모든 일에 예수 이름으로 감사하라

"범사에 우리 주 예수 그리스도의 이름으로 항상 아버
지 하나님께 감사하며."(엡 5:20)

"범사에"라는 말은 '모든 일에'라는 뜻입니다.

내게 일어나는 모든 일에 아버지 하나님께 감사하라는
말씀인데 이것이 정말 가능할까요? 모든 일에 성령님의
인도하심을 받을 때 가능합니다. 육신의 삶을 살며 온갖
죄를 짓고 저주 받으면서 그렇게 감사할 수 없습니다.

"주 예수 그리스도의 이름으로 항상 아버지 하나님께
감사하라"고 했습니다. "주"라는 말은 '주인'이라는 뜻입
니다. 예수님이 인생의 주인이십니다. 예수님이 과거와 현
재와 미래의 주인이십니다. 예수님이 역사의 주인이십니
다. 예수님이 열방의 왕들과 백성들의 주인이십니다.

하늘과 땅과 땅 아래가 예수 이름 앞에 무릎을 꿇습니다. 이러한 주 예수의 이름으로 감사하라는 것입니다.

주 예수의 이름으로 모든 것을 다스리며 인생이 풍요로워져야 합니다. 주 예수의 이름으로 기도해서 응답받아야합니다. 주 예수의 이름을 전해서 많은 영혼이 구원을 얻게 해야 합니다. 주 예수의 이름으로 표적과 기사가 많이 나타나게 해야 합니다. 주 예수의 이름을 많이 사용하기 바랍니다. 그리고 그 모든 일을 통해 주 예수의 이름으로 아버지 하나님께 감사하기 바랍니다.

주 예수의 이름으로 성령님이 오셨습니다.

예수님은 "내 이름으로 보낼 보혜사 성령"이라고 했습니다. 육체로 오신 예수님은 이 땅을 떠났지만 예수 이름으로 오신 성령님이 예수님의 자리에서 예수님과 동일한 능력과 지혜로 모든 일을 행하며 당신을 도우십니다.

성령님께는 능치 못할 것이 없습니다.

당신 안에 계신 성령님이 모든 말씀을 기억나고 생각나게 하고 가르치십니다. 당신이 그 말씀을 따라 살기 때문에 모든 일에 감사할 수 있는 것입니다. 육신의 생각을 따라 죄를 짓고 살면서 모든 일에 감사할 수는 없습니다.

어떤 이는 이렇게 말합니다. "모든 것이 합력하여 선을 이룬다고 했으니 내가 육신의 생각을 따라 살며 마음껏 죄를 지어도 결국에는 잘되지 않나요?”

그렇지 않습니다. 성경을 자세히 보십시오.

로마서 8장 28절에 이렇게 말씀합니다. “우리가 알거니와 하나님을 사랑하는 자 곧 그의 뜻대로 부르심을 입은 자들에게는 모든 것이 합력하여 선을 이루느니라.”

모든 사람에게 모든 것이 합력하여 선을 이루는 것이 아닙니다. 누구에게 입니까? “하나님을 사랑하는 자”라고 했습니다. 하나님을 사랑하는 것이 곧 하나님의 뜻입니다.

하나님을 사랑하는 자 곧 그의 뜻대로 부르심을 입은 자들에게 모든 것이 합력하여 선을 이룬다고 했습니다.

하나님을 사랑하는 자가 술이나 담배, 마약에 취합니까? 하나님을 사랑하는 자가 자기 신세타령하는 세상 노래를 흥얼거립니까? 하나님을 사랑하는 자가 죄를 짓고 우상숭배하고 간음합니까? 아닙니다. 하나님을 사랑하는 사람은 오직 성령님을 의지하며 거룩한 삶을 삽니다.

성령님을 인격적으로 존중하라

“그리스도를 경외함으로 피차 복종하라.”(엡 5:21)

우리는 하나님의 뜻인 하나님의 말씀을 따라 살며, 또

한 성령님의 인도하심 가운데서 복음을 전해야 합니다.

그리고 또 한 가지 중요한 것이 있는데 그것은 곧 "그리스도를 경외함으로 피차 복종하라"는 것입니다.

"경외한다"는 말은 '두려워한다'는 뜻입니다.

누구를 두려워합니까? 그리스도입니다. 여기서 말하는 그리스도는 '우리 안에 영으로 계신 예수님'을 말합니다.

그분은 곧 그리스도의 영이신 성령님이십니다.

성령님을 경외해야 합니다. 많은 사람들이 성령님을 가볍게 여깁니다. 성령님과 성령님의 나타나심인 은사에 대해 함부로 비판합니다. 그런 자에게 성령님의 기름 부으심이 역사하지 않습니다. 성령님을 무시하는 사람은 마귀의 밥이 됩니다. 성령님은 인격을 가진 분이신데, 인격적으로 무시당하면서 그 사람을 도와주실 리가 없습니다.

당신은 성령님을 인격적으로 존중하십니까?

2,000년 전에 예수님이 육체로 오셨을 때 바리새인과 서기관, 제사장들이 그분을 무시하고 모욕했습니다.

어떤 이는 "저가 귀신 들렸다"고 말했습니다.

지금도 성령님을 모욕하는 사람이 많습니다.

제발 그러지 말아야 합니다.

성령님은 창조주 하나님이십니다.

성령님은 아버지의 영이고 예수의 영이십니다.

그분은 예수님처럼 온유하고 겸손한 분이지만 우주 만물을 창조하신 하나님이시며 크고 강한 분이십니다.

그분은 쉽게 기분이 상하시고 마음에 상처를 받으십니다. 이스라엘 백성들은 광야의 길을 걷는 동안 원망함으로 성령님을 근심시켰고 그분의 마음을 상하게 했습니다.

어떤 사람은 성령님 이야기를 하면 짜증냅니다.

"왜 자꾸 성령, 성령, 그러는 거야?"

성령님이 얼마나 귀한 분인지 몰라서 그렇습니다.

성령님은 어떤 분이실까요?

성령님이 아니었다면 천지 창조는 없었을 것입니다.

성령님이 아니었다면 당신과 나도 없었을 것입니다.

성령님이 아니었다면 영혼 구원은 없었을 것입니다.

성령님이 아니었다면 하나님을 알 수 없었을 것입니다.

성령님이 아니었다면 성경을 깨달을 수 없었을 것입니다. 성령님이 아니었다면 교회는 없었을 것입니다. 처음과 나중, 시작과 끝이 모두 성령님의 능력과 은혜 때문입니다. 성령님은 세상에서 가장 영광스러운 분입니다.

"영광"은 '아름답고 빛난다'는 뜻입니다.

성령님은 세상에서 가장 아름답고 빛나는 분이십니다.

그런 성령님을 두려워하며 존중해야 합니다. 성령님은 우리를 사랑해서 우리 안에 오셨습니다. 우리도 성령님을 많이 사랑해야 합니다. 성령님을 존중하는 마음으로 그분께 순종하십시오. 성령님은 최고 중에 최고이십니다.

성령님을 사랑하는 것이 성공입니다.

"성령님, 많이 사랑합니다."

신령한 책을 읽고 책을 써내라

신령한 책을 읽고 써내라

당신은 신령한 책을 읽고 써냅니까?

나는 하나님의 은혜로 몇 권의 책을 써냈습니다.

내기 어떤 책을 쓸까요? 세상 잡다한 지식이 담긴 책이 아닙니다. 하나님의 말씀이 담긴 책, 예수 그리스도 복음이 담긴 책, 성령님의 기름 부으심이 담긴 책입니다.

내가 쓴 책을 통해 많은 영혼이 변화되고 있습니다.

솔로몬은 하나님께 지혜를 구하고 받은 사람이며 많은

책을 읽었고 또 많은 책을 써냈습니다. 그는 지혜를 얻은 사람이 어떻게 살아야 할지 말했습니다. 무엇일까요?

지혜를 얻은 사람은 전도한다

"전도자는 지혜자이어서 여전히 백성에게 지식을 가르쳤고 또 깊이 생각하고 연구하여 잠언을 많이 지었으며."(전 12:9) 하나님께 지혜를 얻은 솔로몬이 자신에 대해 '지혜의 왕, 위대한 왕'이라고 하지 않고 '전도자'라고 했습니다. 지혜를 얻은 사람은 자신을 낮추고 하나님을 높입니다. 그는 자신을 대단한 사람으로 내세우지 않습니다.

하나님이 어떤 사람에게 그분의 지혜를 주신 목적은 자기 자랑하라는 것이 아닌 오직 "전도하라"는 것입니다.

전도자인 솔로몬은 자신만 지식을 알고 있는 것이 아니라 모든 방법으로 모든 때에 모든 백성에게 지식을 가르쳤습니다. 우리도 그렇게 해야 합니다. 나도 매일 설교하고 또 이렇게 책을 써내는 것은 혼자만 지식을 알고 있는 것이 아니라 다른 사람들과 나누기 위함입니다.

가르치는 방법에는 여러 가지가 있는데 그 중에서 책을 써내는 것이 아주 큰 힘이 있습니다. 활자가 콱콱 박힌 책에는 신적인 권위가 있기 때문입니다. 말로는 안 듣는 사람도 책을 통해서는 새로운 지식을 쉽게 받아들입니다.

그래서 시대마다 하나님께 귀하게 쓰임 받은 사람들이 책을 써냈던 것입니다. 하나님은 책을 통해 개혁 운동을 일으키게 하셨고 백성들을 가르치게 하셨고 그분의 지식과 지혜를 자손 천대까지 남기게 하셨습니다.

그 대표적인 것이 성경책입니다. 성경 기록은 끝났지만 성경을 깨닫고 그렇게 사는 사람들의 책은 계속 나와야 합니다. 그 책들이 세계를 다니며 전도하고 선교합니다.

"또 깊이 생각하고 연구하여"라고 했습니다.

사람들은 지혜를 얻은 사람을 보면서 그들이 가만있어도 그냥 지혜가 샘솟듯이 터져 나올 거라고 생각하는데 그렇지 않습니다. 지혜자인 솔로몬은 깊이 생각하고 연구하여 잠언을 많이 지었다고 했습니다. 하나님께 지혜를 얻었습니까? 깊이 생각하고 연구하기 바랍니다. 그러면 잠언을 많이 짓게 됩니다. 지혜를 얻은 사람은 하나님의 말씀을 읽을 때도 깊이 생각하고 연구하게 됩니다. 그래서 많은 책을 써내게 되고 많은 백성들을 가르치게 됩니다.

진리의 말씀을 정직하게 기록하라

"전도자는 힘써 아름다운 말들을 구하였나니 진리의 말씀들을 정직하게 기록하였느니라."(전 12:10)

책을 쓸 때는 진리의 말씀들을 정직하게 기록해야 합니다. 진리의 말씀이 아닌 것을 책에 담으면 안 됩니다.

그리고 자신이 그 진리의 말씀을 믿고 실천한 것을 정직하게 기록해야 합니다. 나는 그렇게 살지 못하면서 남에게 그렇게 살라고 말하는 것은 잘못입니다. 비록 한 가지를 깨닫더라도 내가 먼저 그렇게 살아야 합니다. 내 힘으로는 안 되지만 성령님께 도움을 구하면 됩니다.

"성령님, 제가 하나님의 말씀대로 살게 해주세요."

주의 종의 말씀은 잘 박힌 못과 같다

"지혜자들의 말씀들은 찌르는 채찍들 같고."(전 12:11)

지혜자들은 주의 종을 말하며, 세상 지혜자들을 말하는 것이 아닙니다. 하나님은 세상 지혜자들을 부끄럽게 하시려고 세상에서 약하고 미련한 사람을 택하여 성령의 기름을 부으십니다. 그래서 외모로 볼 때는 대단한 학벌도 없고 공부도 못하는 사람 같은데 성령님의 기름 부으심으로 말미암아 말도 잘하고 책도 써내게 되는 것입니다.

그들은 성령님의 기름 부으심을 따라 말씀을 전하기 때문에 그 말씀 한 마디 한 마디가 찌르는 채찍 같습니다.

"회중의 스승들의 말씀은 잘 박힌 못 같으니."

회중의 스승들도 주의 종을 말합니다. 그들이 전하는 말씀이 잘 박힌 못 같다고 했습니다. 주의 종들은 말씀을 전하는 일에 조심해야 합니다. 아무거나 전하면 안 됩니다. 그 말이 사람을 죽이기도 하고 살리기도 하기 때문입니다. 오직 주님이 주신 말씀만 전해야 합니다.

주님이 주신 말씀이 무엇입니까? '복음'입니다.

주의 종은 복음만 전해야 합니다. 복음을 다른 말로 하면 '예수 이름'입니다. 예수 이름만 전해야 합니다.

예수 이름 안에 다 담겨 있습니다.
예수 이름 안에 구원이 있습니다.
예수 이름 안에 치유가 있습니다.
예수 이름 안에 응답이 있습니다.
오직 예수 이름을 전하기 바랍니다.

빌립은 사마리아 성에서 예수 이름을 전했습니다. 그래서 큰 표적과 기사가 있었고 많은 사람들이 주께로 돌아왔습니다. 많은 사람에게 붙었던 더러운 귀신이 떠났고 많은 병자가 나았습니다. 그 성에 큰 기쁨이 있었습니다.

세상에서 가장 큰 지혜는 예수 이름입니다.

당신도 오직 예수 이름을 전하기 바랍니다.

신령한 책을 읽고 써내야 한다

당신은 책을 많이 읽고 많이 써내지 않습니까?

무작정 많은 책을 읽고 많은 책을 써내려고 하지 말아야 합니다. 세상 지식이 담긴 책을 많이 읽고 그런 책을 많이 써내는 것은 끝이 없고 몸을 피곤하게 합니다. 아무 책이나 많이 읽으려고 하지 말고 신령한 책을 읽어야 합니다. 거기에 깨달음이 있고 기쁨과 믿음이 가득합니다.

신령한 책은 복음이 담긴 하나님의 책이기 때문에 그런 책을 읽을 때 영감 곧 깨달음이 오고 당신의 마음에 믿음이 가득해집니다. 복음이 담긴 책을 많이 읽으십시오.

세상 책은 세상 사람들이 지은 책이고 영이 없는 책이므로 많이 읽을수록 마음이 더 피곤해지고 또 잡다한 세상 지식만 가득해져서 남을 깔보는 교만한 사람이 됩니다.

세상 지식은 주님의 말씀을 대적합니다. 그리고 세상 잡다한 책을 짓는 것은 끝이 없습니다. 하루에도 수백 권의 책이 출간되지만 그 속에서 진리를 찾을 수 없습니다.

하나님의 말씀이 담긴 책은 다릅니다. 하나님의 말씀은 영의 생각입니다. 육신의 생각이 아닙니다. 예수님은 "내 말이 곧 영이요 생명이다"(요 6:63)라고 하셨습니다.

육신의 생각을 담은 책은 사람을 죽이지만 영의 생각을 담은 책은 사람을 살립니다. 오직 영의 생각을 담은 책을 읽고 또 그런 책을 써내기 바랍니다. 세상 사람들이 자기의 잡다한 지혜와 지식을 책에 담아내려고 노력합니다.

나는 오직 복음을 전하기 위한 책을 써냅니다.

당신도 그런 책을 써내기 바랍니다.

하나님을 경외하며 살라

하나님을 경외하며 살아야 합니다.

사람이 할 일은 오직 하나님을 경외하는 것입니다.

우리는 하나님이 살아 계심을 믿고 오직 그분만 섬겨야 합니다. 우상을 숭배하면 안 됩니다. 그리고 그분의 명령들을 지키는 것이 사람의 본분임을 기억해야 합니다.

하나님은 모든 행위와 모든 은밀한 일을 선악 간에 심판하신다고 했습니다. 그러므로 우리는 하나님 앞에서 정직하게 살고 깨끗한 영으로 살아야 합니다. 오직 믿음으로 살고 하나님의 말씀을 따라 살아야 합니다.

이것은 우리 힘으로 안 됩니다. 하지만 그렇게 살게 해 달라고 날마다 성령님께 도움을 구하면 가능합니다.

"성령님, 저를 도와주세요. 제가 하나님의 말씀대로 살며, 다른 사람을 가르치는 주의 종으로 살게 해주세요."

성령님은 연약한 우리를 돕기 위해 오셨습니다.

우리는 하나님을 아버지로 모시고 사는 그분의 자녀가 되었습니다. 요한복음 1장 12~13절에 "영접하는 자 곧 그 이름을 믿는 자들에게는 하나님의 자녀가 되는 권세를 주셨으니 이는 혈통으로나 육정으로나 사람의 뜻으로 나지 아니하고 오직 하나님께로부터 난 자들이니라"고 했습니다. 하나님의 자녀의 권세를 받았기 때문에 이제는 사람을 의지하지 말고 오직 성령님만 의지해야 합니다. 그리고 성령님과 함께 온 천하에 다니며 만민에게 복음을 전해야 합니다. 하나님의 자녀의 권세로 무엇이든지 구하며 예수 이름으로 권능을 나타내며 담대히 복음을 전해야 합니다.

믿지 않는 사람은 하나님의 자녀가 아닙니다. 마귀의 자식이며 영혼이 죽어 있습니다. 불쌍한 사람들입니다.

그들에게 복음을 전해서 영혼을 구원해야 합니다.

그들에게 예수 이름을 전하면 영혼이 살아나고 모든 죄

와 저주로부터 자유를 얻게 됩니다. 세상 사람들은 세상 지혜의 한계에 갇혀 있지만 우리는 그걸 뛰어넘는 하나님의 지혜를 갖고 있습니다. 하나님의 지혜는 하늘이 땅보다 높음 같이 높고 또 모든 것을 초월합니다. 우리는 하나님의 지혜로 살며 믿음으로 모든 것을 다스려야 합니다.

하나님은 우리가 세상에 사는 동안 머리가 되고 꼬리가 되지 않고, 위에만 있고 아래에 있지 않고, 많은 민족에게 꾸어 줄지언정 꾸지 않게 하겠다고 약속하셨습니다.

이러한 하나님의 약속을 온전히 믿어야 합니다.

하나님의 자녀는 자신의 정체성을 분명히 알아야 합니다. 무엇일까요? 왕 같은 제사장입니다. 거룩한 나라요 그의 소유된 백성입니다. 새로운 피조물입니다.

우리는 예수 이름의 권세를 가졌습니다. 또한 옛 사람이 죽었고 옛 삶에서 벗어난 새사람이 되었습니다.

우리는 하나님의 자녀의 권세로 '주의 복음'을 담대히 전해야 합니다. 예수님이 우리 죄 때문에 죽으시고 사흘 만에 부활하셨다는 이 진리의 말씀을 잃은 영혼들에게 전해야 합니다. 이러한 복음 전도는 우리를 통해 이뤄집니다. 그러므로 반드시 일어나 나가서 전도해야 합니다.

"그들이 안 들으면 어떻게 하나요?"

성경은 "그들이 듣든지 안 듣든지 전하라"고 했습니다.

복음을 전하는 것은 우리가 해야 할 일입니다.

복음에 순종하는 것은 그들이 할 일입니다.

그러므로 나가서 복음을 전하십시오.

"복음을 전파하라."(막 16:15)

오직 예수 이름만 가르치라

오직 예수 이름을 가르치라

당신은 사람들에게 무엇을 가르칩니까?

나는 다른 것이 아닌 오직 예수 이름을 가르칩니다.

사도들도 오직 '예수 이름'을 가르치며 전했습니다.

초대교회는 사도들의 손을 통해 많은 표적과 놀라운 일이 백성 가운데서 일어났습니다. 그들은 모두 한 마음이 되어 솔로몬 행각에 모이곤 했습니다. 믿는 사람들이 더욱 늘어나면서 주님께로 나왔는데 큰 무리를 이루었습니다.

심지어는 병든 사람들을 거리로 메고 나가서 침상이나 깔자리에 눕혀 놓고 베드로가 지나갈 때 그 그림자라도 덮이기를 바랐습니다. 또 예루살렘 근방의 여러 동네에 사는 많은 사람들이 병든 사람들과 악한 귀신에게 시달리는 사람들을 데리고 왔는데 그들이 모두 고침 받았습니다.

이때 대제사장과 그의 지지자들인 사두개파 사람들이 모두 시기심이 가득 차서 들고일어나 사도들을 잡아다가 옥에 가두었습니다. 그 밤에 주님의 천사가 감옥 문을 열고 그들을 데리고 나와서 이렇게 말했습니다. "가서 성전에 서서 이 생명의 말씀을 남김없이 백성에게 전하라!"

생명의 말씀을 전하는 것은 하나님의 심부름꾼인 천사에게는 허락되지 않았고 성령 받은 제자들에게만 허락된 특권이었습니다. 그러므로 우리가 전도해야 합니다.

사도들이 새벽에 성전에 들어가서 가르치고 있었는데 그때 대제사장과 그와 함께 하는 사람들이 와서 공의회와 이스라엘의 원로회를 소집하고 감옥으로 사람을 보내 사도들을 데려오게 했습니다. 하지만 경비원들이 감옥에 가서 보니 사도들이 없었습니다. 그들이 말했습니다.

"감옥 문은 아주 단단히 잠겨 있고 문마다 간수가 서 있었는데 문을 열어 보니 안에 아무도 없었습니다."

그 때 어떤 사람이 와서 그들에게 말했습니다.

"보십시오. 여러분이 옥에 가둔 그 사람들이 성전에 서서 백성들을 가르치고 있습니다."

그래서 경비대장이 경비대원들과 함께 가서 사도들을 데리고 왔습니다. 그러나 그들은 백성들이 돌로 칠까 봐 두려워서 폭력은 쓰지 않았습니다. 그들이 사도들을 데려다가 공의회 앞에 세우니 대제사장이 신문했습니다.

이 때 그들이 한 말입니다. "우리가 예수 이름으로 사람을 가르치지 말라고 경고했지 않느냐?"

이것은 단순히 종교 지도자들의 생각이 아닙니다.

마귀의 계책입니다. 마귀는 다른 이름을 전하는 것은 가만 둡니다. 어둠의 왕국에 아무 영향을 끼치지 못하기 때문입니다. 하지만 예수 이름을 전하면 분노합니다.

그래도 우리는 오직 예수 이름을 전해야 합니다.

예수 이름을 전하기 위해 기도를 많이 해야 합니다.

"왜 예수 이름을 전하는데 능력이 나타나지 않나요?"

기도하지 않기 때문입니다.

오로지 기도와 말씀 사역에 힘써라

사도들은 기도를 많이 하고 전도했습니다.

그들은 오로지 기도에 헌신하겠다고 뜻을 정했습니다.

"우리는 오로지 기도하는 일과 말씀 사역에 힘쓰리라."

그들이 왜 기도에 헌신했을까요? 기도해야 권능이 나타나기 때문입니다. 성령님이 모든 권능을 가지고 오셨지만 육체의 제한을 받기 때문에 기도해야 하는 것입니다.

그래서 한량없는 성령을 받으신 예수님도 한적한 곳에 가서 습관을 좇아 매일 오래 기도하셨던 것입니다.

우리도 예수 이름을 전하고 가르치려면 기도를 많이 해야 합니다. 그럴 때 성령님의 권능이 나타납니다.

우리의 힘으로 능으로 안 됩니다.

기도를 통해 성령 충만함을 받고 영혼들을 묶고 있는 악한 마귀의 세력을 예수 이름으로 대적해야 합니다.

오래 기도하십시오. 그리고 세상 잡다한 지식과 정보가 아닌 오직 '하나님의 말씀'을 가르치십시오. 하나님의 말씀은 한 가지 핵심을 말하는데 곧 '예수 이름'입니다.

당신이 예수 이름을 전할 때 어떤 사람들은 그것을 매우 싫어합니다. 왜 그럴까요? 세상 철학자들의 이름과 유명한 정치인, 연예인 이야기를 하면 아무 말 안 하는데 예수 이름만 이야기하면 그들이 크게 분노하는 것은 그들이 마귀와 악한 영들에게 사로잡혀 있기 때문입니다.

우리의 씨름은 혈과 육에 대한 것이 아니요 오직 통치

자들과 권세들과 이 어둠의 세상 주관자들과 하늘에 있는 악한 영들과의 싸움입니다. 그러므로 기도를 많이 하고 성령의 권능으로 무장하고 예수 이름을 전해야 합니다.

기도를 많이 하고 말씀을 전할 때 예수 이름의 권세가 나갑니다. 그러면 사람들을 묶고 있는 어둠의 영들이 떠나갑니다. 그들이 복음을 듣고 회개하게 됩니다. 성령님의 기름 부으심이 예배 중에 강하게 흐르게 됩니다.

사도들이 성령의 충만함을 받고 예수 이름을 가르칠 때 종교 지도자들은 일어나 그 일을 못하게 막았습니다.

어떤 종교도 사람을 변화시키지 못합니다. 예수님은 종교가 아닌 하나님이십니다. "예수님은 하나님이시다."

이 사실이 그들을 화나게 했습니다. 자신들이 원하는 모양의 하나님이 아니라고 생각했기 때문입니다.

그들은 자신들의 전통으로 말씀을 많이 폐했습니다.

이제는 말씀이 육신이 되어 이 땅에 오신 예수님도 자신들의 전통으로 대적했던 것입니다. 그들은 자신들의 전통을 하나님의 계명이나 말씀보다 더 크게 여겼습니다.

첫째, 그들은 전통으로 하나님의 계명을 범했습니다.

"대답하여 이르시되 너희는 어찌하여 너희의 전통으로 하나님의 계명을 범하느냐?"(마 15:3)

둘째, 그들은 전통으로 하나님의 말씀을 폐했습니다.

"그 부모를 공경할 것이 없다 하여 너희의 전통으로 하나님의 말씀을 폐하는도다."(마 15:6)

셋째, 그들은 전통으로 하나님의 말씀을 폐하는 일을 많이 했습니다. "너희가 전한 전통으로 하나님의 말씀을 폐하며 또 이 같은 일을 많이 행하느니라."(막 7:13)

우리도 혹시 이런 일을 하고 있지 않은지 돌아보고 회개해야 합니다. 당신은 무엇을 크게 여기고 붙듭니까?

장로들의 모든 전통보다 큰 것이 '예수 이름'입니다.

예수님은 그 이름의 능력에 대해 말씀하셨습니다.

"또 이르시되 너희는 온 천하에 다니며 만민에게 복음을 전파하라. 믿고 세례를 받는 사람은 구원을 얻을 것이요 믿지 않는 사람은 정죄를 받으리라."(막 16:15~16)

여기서 "복음을 전파하라"고 했는데 복음이 무엇입니까? '예수 이름'입니다. 온 천하에 다니며 만민에게 전해야 할 복음은 곧 예수 이름입니다. 무엇을 믿을 때 구원을 얻습니까? 예수 이름입니다. 예수 이름을 믿을 때 어떤 일이 일어납니까? 예수 이름의 권세가 나타납니다.

마가복음 16장 17~20절을 자세히 보십시오.

"믿는 자들에게는 이런 표적이 따르리니 곧 그들이 내

이름으로 귀신을 쫓아내며 새 방언을 말하며 뱀을 집어올리며 무슨 독을 마실지라도 해를 받지 아니하며 병든 사람에게 손을 얹은즉 나으리라 하시더라. 주 예수께서 말씀을 마치신 후에 하늘로 올려지사 하나님 우편에 앉으시니라. 제자들이 나가 두루 전파할새 주께서 함께 역사하사 그 따르는 표적으로 말씀을 확실히 증언하시니라.”

예수 이름에 어떤 권능이 있을까요? 일곱 가지입니다.

첫째, 예수 이름으로 구원받습니다.
둘째, 예수 이름으로 귀신이 쫓겨 나갑니다.
셋째, 예수 이름으로 새 방언을 말하게 됩니다.
넷째, 예수 이름으로 뱀을 집어올리게 됩니다.
다섯째, 예수 이름으로 무슨 독을 마실지라도 해를 받지 않습니다. 여섯째, 예수 이름으로 병든 사람에게 손을 얹으면 낫습니다. 일곱째, 예수 이름으로 두 세 사람이 모인 곳에 예수님이 함께 계십니다.

이 얼마나 놀랍고 엄청난 말씀입니까?
영적 전쟁에서 승리하는 비결이 예수 이름 안에 다 들어 있습니다. 예수 이름을 전하지 말라고 막는 것은 마귀의 일입니다. 우리는 마귀의 말을 듣지 말아야 합니다.

예수 이름을 시인하고 전하고 가르쳐야 합니다.

예수 이름을 전하지 않으면 박해 받을 일이 없습니다.

예수 이름을 전할 때 모든 사람에게 미움을 받습니다.

그래도 예수 이름을 전해야 합니다.

예수님께서 제자들에게 '예수 이름으로 인한 박해'에 대해 말씀하셨습니다.

"너희는 스스로 조심하라. 사람들이 너희를 공회에 넘겨 주겠고 너희를 회당에서 매질하겠으며 나로 말미암아 너희가 권력자들과 임금들 앞에 서리니 이는 그들에게 증거가 되려 함이라. 또 복음이 먼저 만국에 전파되어야 할 것이니라. 사람들이 너희를 끌어다가 넘겨 줄 때에 무슨 말을 할까 미리 염려하지 말고 무엇이든지 그 때에 너희에게 주시는 그 말을 하라. 말하는 이는 너희가 아니요 성령이시니라. 형제가 형제를, 아버지가 자식을 죽는 데에 내주며 자식들이 부모를 대적하여 죽게 하리라. 또 너희가 '내 이름으로 말미암아' 모든 사람에게 미움을 받을 것이나 끝까지 견디는 자는 구원을 받으리라."(막 13:9~13)

어떤 박해가 와도 예수 이름을 전해야 합니다.

예수님이 제자들에게 말씀하셨습니다. "누구든지 사람 앞에서 나를 시인하면 나도 하늘에 계신 내 아버지 앞에서 그를 시인할 것이요 누구든지 사람 앞에서 나를 부인하면 나도 하늘에 계신 내 아버지 앞에서 그를 부인하리라. 내가 세상에 화평을 주러 온 줄로 생각하지 말라. 화평이 아니요 검을 주러 왔노라."(마 10:32~34)

하나님이 우리에게 주신 것은 오직 '예수 이름'입니다.

예수님은 "내가 너희에게 분부한 모든 것을 가르쳐 지키게 하라"고 하셨습니다. 예수님이 분부한 모든 것은 예수 이름 안에 들어 있습니다. 예수 이름을 가르치십시오.

이렇게 뜻을 정하고 결단하기 바랍니다.

"나는 예수 이름을 전하고 가르친다."

예수 이름으로 말하는 것을 금하지 말라

"그들이 옳게 여겨 사도들을 불러들여 채찍질하며 예수의 이름으로 말하는 것을 금하고 놓으니"(행 5:40)

사도들은 예수 이름 때문에 채찍에 많이 맞았습니다.

종교 지도자들은 사도들을 협박하며 예수 이름으로 말하는 것을 금했습니다. 예수를 전하지 말라는 것입니다.

내가 길에서 예수 이름을 전하면 사람들이 싫어합니다.

예수 믿는 사람들조차도 예수 이름을 전하는 것을 싫어하는 것을 보게 됩니다. 그들은 고상한 척하며 말합니다.

"뭘 그렇게 대놓고 예수 이름을 전하느냐? 그냥 지역 마을에 사회봉사를 하면 사람들이 다들 좋아할 텐데."

그런 사람들은 교회에 다니면서 권사, 집사의 명분만 갖고 있지 예수 이름으로 가르치지도 않고 전하지도 않습니다. 당신도 그렇다면 진실로 구원받은 사람인지 자신의 믿음을 점검해야 합니다. 자기 안에 예수 이름이 없는 사람은 예수 이름을 전하는 것을 매우 싫어합니다.

바울은 말했습니다. "너희는 믿음 안에 있는가 너희 자신을 시험하고 너희 자신을 확증하라. 예수 그리스도께서 너희 안에 계신 줄을 너희가 스스로 알지 못하느냐? 그렇지 않으면 너희는 버림받은 자니라."(고후 13:5)

나는 예전에 직장 생활을 오래 했는데, 그때 믿음이 가득해서 사람들에게 예수 이름을 많이 이야기했습니다.

내 믿음의 본질이 '예수 이름'이기 때문에 예수 이름 말고는 말할 것이 없었습니다. 그때 함께 직장 다니는 사람들 중에 집사와 권사도 있었는데 그들은 내가 예수 이름을 말하는 것을 싫어했습니다. 왜 그런지 이해가 안 됩니다.

예수 이름을 싫어하는 사람은 바리새인과 같습니다.

예수님께서 제자들에게 경고하셨습니다. "삼가 바리새인들의 누룩과 헤롯의 누룩을 주의하라."(막 8:15)

외식하는 정치인과 종교인들의 누룩을 주의해야 합니

다. 하나님이 나를 부르신 그 부르심이 무엇인지 깨닫고 그것을 굳게 붙잡아야 합니다. 그것은 곧 예수 이름을 전하는 것입니다. 누군가 길에서 예수 이름을 전하면 기뻐하며 그를 위해 기도해 주어야 합니다. 자기 욕심으로 예수 이름을 배척하면 안 됩니다. 예수 이름이 나를 구원했습니다. 대통령이나 연예인의 이름이 결코 아닙니다.

자기 교회 목사님 이름은 엄청 자랑하면서 예수 이름을 부끄럽게 여기며 말하지 않는 사람이 있습니다. 목사님을 자랑스럽게 여기는 것은 좋은 일이지만 그래도 꼭 기억해야 할 것은 목사님의 이름이 그를 구원한 것이 아니라는 사실입니다. 오직 예수 이름이 그를 구원했습니다.

예수 이름을 부끄러워하지 말아야 합니다.

바울은 로마서 1장 16절에 분명히 말했습니다.

"내가 복음을 부끄러워하지 아니하노니 이 복음은 모든 믿는 자에게 구원을 주시는 하나님의 능력이 됨이라. 먼저는 유대인에게요 그리고 헬라인에게로다."

복음 곧 예수 이름을 조금도 부끄러워하지 마십시오.

초대교회 사도들과 제자들은 오직 예수 이름만 전했습니다. 우리는 예수 이름을 부끄러워하는 수천 명의 종교인보다 예수 이름을 가르치는 사도들의 편에 서야 합니다.

예수 이름을 자랑스럽게 여기고 전합시다.

예수 이름 때문에 박해받으면 기뻐하라

"사도들은 '그 이름을 위하여' 능욕 받는 일에 합당한 자로 여기심을 기뻐하면서 공회 앞을 떠나니라."(행 5:41)

사도들은 예수 이름을 위하여 능욕을 받았습니다.

그리고 그 일에 합당한 자로 여기심을 기뻐했습니다.

"능욕"은 '업신여기고 욕보이는 것'을 말합니다.

예수 이름 때문에 업신여김을 당하면 어떻고 욕보임을 당하면 어떻습니까? 오히려 그 일을 기뻐하십시오.

마귀는 교회가 다른 일은 다 하게 내버려둡니다. 오직 예수 이름만 전하지 못하게 합니다. 믿지 않는 자들도 예수를 전하지 못하게 방해합니다. 그 안에 악한 마귀가 있기 때문입니다. 악한 영들은 예수 이름을 싫어합니다.

그래도 예수 이름을 전해야 합니다.

우리는 순교자의 믿음을 가져야 합니다. 목숨까지 아끼지 말고 담대하게 예수 이름을 전해야 합니다.

사도들은 그 이름을 위하여 목숨을 내놓았습니다.

그들이 성령 충만했기 때문에 그랬지 인간의 힘으로 그렇게 할 수 있었겠습니까? 성령 충만한 사람은 박해를 당연한 것으로 받아들입니다. "그 이름을 위하여 능욕 받는 일에 합당한 자로 여기심을 기뻐하면서"라고 했습니다.

당신도 박해 받는 것을 합당한 일로 여기고 기뻐하십시오. 초대교회는 예수 이름에 대한 복음으로 가슴이 불타올랐습니다. 주님은 뜨거우라고 말씀하십니다.

"너희가 차든지 뜨겁든지 하기를 원하노라."

예수 이름에 뜨거워지기 바랍니다.

날마다 예수 이름을 가르치라

"그들이 날마다 성전에 있든지 집에 있든지 예수는 그리스도라고 가르치기와 전도하기를 그치지 아니하니라."(행 5:42) 그들이 무엇을 전했습니까? 예수 이름입니다.

그들이 예수 이름을 언제 어떻게 전했습니까?

첫째, "그들이 날마다 성전에 있든지 집에 있든지"라고 했습니다. 사도들은 날마다 성전에 있든지 집에 있든지 예수 이름을 가르치고 전했습니다. 그러자 큰 표적과 기사가 나타났습니다. 그들의 메시지는 항상 동일했습니다.

"예수님이 구원자다. 그 이름을 믿으면 구원받는다."

둘째, "예수는 그리스도라고 가르치기와 전도하기를"이라고 했습니다. 마귀는 예수 이름을 가르치지 못하게 하고 전하지 못하게 합니다. 전도하다 보면 어떤 사람은 "나는

다 안다. 나를 가르치려고 들지 말라"고 합니다. 그러든 말든 예수 이름을 가르쳐야 합니다. 예수 이름을 가르쳐야 알 수 있습니다. 가르치지 않으면 모릅니다.

이미 알고 있는 사람에게도 계속 가르쳐야 합니다.

그럴 때 그 사람이 더 풍성히 알게 됩니다.

성전에 있는 사람에게도 예수 이름을 가르쳐야 하고 집에 있는 사람에게도 예수 이름을 가르쳐야 합니다.

예수 이름을 가르치는 일에 힘쓰기 바랍니다.

셋째, "그치지 아니하니라"고 했습니다.

당신은 언제 예수 이름을 가르치는 일을 그쳤습니까?

그 일을 쉬지 마십시오. 사람들은 말합니다.

"지금까지 예수 이름은 많이 가르치고 전했어. 이제 그치고 다른 이름을 전하자. 대통령 이름, 철학자 이름."

이것이 마귀의 유혹입니다. 교회들이 예수 이름보다 더 고상한 이름이 있는 줄 알고 엉뚱한 이름을 가르칩니다.

예배가 끝나고 나올 때 자신에게 물어보십시오.

'오늘 내 마음에 누구 이름이 기억나지?'

대통령 이름입니까? 연예인 이름입니까? 유명한 철학자 이름입니까? 목사님 이름입니까? 어떤 목회자는 날마다 성전에 있든지 집에 있든지 대통령과 시장 이야기를 합니다. 어떤 장로님은 날마다 성전에 있든지 집에 있든지 연예인과 유명인 이야기를 합니다. 어떤 집사님은 날마다 성전에 있든지 집에 있든지 부모와 자식 이야기를 합니다.

그런 일을 다 그쳐야 하는 것입니다.

우리가 영원히 그치지 말아야 하는 것은 예수 이름을 가르치고 전하는 것입니다. 성령님의 인도하심을 받지 못하기 때문에 딴 길로 빠지는 것입니다. 회개하십시오.

매일 성령님께 도움을 구하십시오.

"성령님, 오늘도 만나는 모든 사람에게 예수 이름을 가르치고 전하게 해주세요. 다른 자랑하지 않게 해주세요."

예수 이름을 가르치고 전하는 일은 모든 목회자와 성도들이 평생 그치지 말아야 하는 가장 중대한 일입니다.

예수 이름을 가르치고 전하기 바랍니다.

마음에 조금도 의심하지 말라

하나님께 지혜를 구한 적이 있습니까?

하나님의 종은 하나님께 지혜를 구해야 합니다.

지혜가 없으면 문제에 휘말리게 됩니다.

온전히 기쁘게 여기라

우리가 기도하며 믿음으로 살 때 시련이 다가옵니다.

그것을 '믿음의 시련'이라고 합니다. 믿음이 없는 사람에게는 시련도 없습니다. 고생만 있을 뿐입니다.

"내 형제들아, 너희가 여러 가지 시험을 당하거든 온전히 기쁘게 여기라. 이는 너희 믿음의 시련이 인내를 만들어 내는 줄 너희가 앎이라."(약 1:2~3)

우리는 여러 가지 시험을 당할 때 온전히 기쁘게 여겨야 합니다. 그런 문제에 마음을 빼앗기지 말고 모든 문제의 주인이신 하나님을 바라보아야 합니다. 그러면 하나님께서 지혜를 주셔서 그 문제를 잘 해결하게 해주십니다.

대부분 사람들은 자신에게 문제가 오면 슬퍼합니다.

'왜 이런 문제가 내게 생긴 거야? 아, 힘들어.'

그러나 성경은 반대로 말씀합니다.

"그것을 온전히 기쁘게 여기라."

문제를 대할 때 온전히 기쁘게 여기기 바랍니다.

문제보다 당신에게 주신 믿음이 더 큽니다.

문제가 생기면 이렇게 생각하십시오.

'내게 믿음이 있기 때문에 이런 시련이 오는구나.'

믿음을 굳건하게 해서 그 시험을 이겨내야 합니다.

성경은 믿음 안에 있는지 자신을 시험하고 자신을 확증하라고 말씀합니다. "너희는 믿음 안에 있는가 너희 자신을 시험하고 너희 자신을 확증하라."(고후 13:5)

그리고 이어서 하는 말씀이 "예수 그리스도께서 너희

안에 계신 줄을 너희가 스스로 알지 못하느냐?"라고 했습니다. 예수 그리스도가 내 안에 살아 계신다면 모든 시험을 거뜬히 이길 수 있습니다. 당신에게 하나님의 자녀의 권세가 있기 때문에 이렇게 담대하게 명령하면 됩니다.

"나사렛 예수 그리스도의 이름으로 명하노니 모든 문제는 무릎을 꿇을지어다. 악한 영들은 떠나가라."

자녀의 길을 막고 각종 어려움을 가져오는 악한 영들도 예수 이름으로 대적해야 합니다. 보이지 않는 악한 영들에게 당하지 않도록 정신을 차리고 깨어 있어야 합니다.

어떤 시험을 받더라도 "하나님이 내게 시험을 준다"고 생각하고 말하면 안 됩니다. 하나님은 어떤 사람도 시험하지 않으십니다. 하나님은 좋은 것만 주십니다.

야고보서 1장 13~17절에 이렇게 말씀합니다.

"사람이 시험을 받을 때에 내가 하나님께 시험을 받는다 하지 말지니 하나님은 악에게 시험을 받지도 아니하시고 친히 아무도 시험하지 아니하시느니라. 오직 각 사람이 시험을 받는 것은 자기 욕심에 끌려 미혹됨이니 욕심이 잉태한즉 죄를 낳고 죄가 장성한즉 사망을 낳느니라. 내 사랑하는 형제들아, 속지 말라. 온갖 좋은 은사와 온전한 선물이 다 위로부터 빛들의 아버지께로부터 내려오나니 그는 변함도 없으시고 회전하는 그림자도 없으시니라."

그분은 좋은 분이십니다. 그리고 이미 모든 시험을 이길 수 있는 권세 곧 하나님의 자녀의 권세를 주셨습니다.

그분은 기도하라고 말씀하십니다.

"너희는 하나님의 자녀다. 깨어 기도하라."

기도할 때 감당할 수 있는 힘과 지혜를 주시고 또 피할 길을 내십니다. 기도하지 않으면 하나도 안 주십니다.

마귀는 지금도 두루 다니며 삼킬 자를 찾고 있습니다.

당신에게 시험이 왔다면 정신을 차리고 깨어 기도하십시오. 그럴 때 문제를 거뜬히 해결할 수 있습니다. 기도하면 영의 눈이 열려 하나님의 일하심을 보게 됩니다.

기도하는 사람은 시련이 올 때 기뻐하며 감사합니다.

당신 안에 계신 성령님에 비해 문제는 통의 한 방울 물과 같이 작고 저울의 작은 티끌과 같습니다. "보라, 그에게는 열방이 통의 한 방울 물과 같고 저울의 작은 티끌 같으며 섬들은 떠오르는 먼지 같으리니."(사 40:15)

문제를 당할 때 성령님과 함께 크게 생각하십시오.

믿음을 지키며 앞으로 나아가십시오.

여러 가지 시험은 당신의 믿음을 무너뜨리는 것이 아니라 도리어 당신의 믿음을 굳게 세워 줍니다.

인내는 중요합니다. 왜 인내해야 할까요?

기도하고 구하는 것을 받았다고 믿기 때문입니다. 그것

이 현실에 나타나기까지 '시간'이라는 요소가 필요합니다.

그동안 의심하지 말고 믿음을 굳게 지키며 기다려야 합니다. 아브라함이 아들에 대한 약속을 받기까지 인내했습니다. 인내를 온전히 이루고 약속을 성취 받았습니다.

사람이 평소에는 믿음이 드러나지 않다가 갑작스런 어려움이나 고통이 생기면 그 안에 있는 믿음이 겉으로 드러나게 되고 모두가 알게 됩니다. 믿음이 굳건하고 심지가 견고한 자는 어떤 문제가 와도 흔들리지 않습니다.

그런 사람은 문제에 휘둘리지 않고 초월합니다.

하지만 믿음이 없는 사람은 문제가 닥치면 모든 것이 멈춥니다. 우리는 문제가 오더라도 믿음을 빼앗기지 않도록 더 많은 기도와 말씀으로 시간을 보내야 합니다.

인내를 온전히 이루라

당신은 지금 어떤 문제로 고통을 겪고 있습니까?

그 문제 때문에 조금도 낙심하지 말고 인내를 온전히 이루십시오. 그러면 당신이 온전하고 구비하여 조금도 부족함이 없게 될 것입니다. 무엇에 온전하고 구비하여 조금도 부족함이 없게 될까요? '믿음'입니다.

"인내를 온전히 이루라. 이는 너희로 온전하고 구비하여 조금도 부족함이 없게 하려 함이라."(약 1:4)

이것은 윤리적이고 도덕적으로 훌륭한 인품을 가지게 된다는 말이 아닙니다. 어떤 사람들은 말합니다.

"당신이 이런 시험을 겪는 것은 성인군자의 성품이 되게 하시려고 하나님이 당신을 깎고 다듬는 중이야."

그렇지 않습니다. 만약 그렇다면 우상을 숭배하거나 고행하고 도를 닦는 사람들과 다를 바가 없습니다. 하나님이 인품이 좋지 않은 아브라함에게 시련을 주셨습니다.

왜 주셨나요? '믿음' 때문이었습니다.

로마서 4장 16~22절을 보십시오.

"아브라함은 우리 모든 사람의 조상이라. 기록된 바 내가 너를 많은 민족의 조상으로 세웠다 하심과 같으니 그가 믿은 바 하나님은 죽은 자를 살리시며 없는 것을 있는 것으로 부르시는 이시니라. 아브라함이 바랄 수 없는 중에 바라고 믿었으니 이는 네 후손이 이같으리라 하신 말씀대로 많은 민족의 조상이 되게 하려 하심이라. 그가 백 세나 되어 자기 몸이 죽은 것 같고 사라의 태가 죽은 것 같음을 알고도 믿음이 약하여지지 아니하고 믿음이 없어 하나님의 약속을 의심하지 않고 믿음으로 견고하여져서 하나님께 영광을 돌리며 약속하신 그것을 또한 능히 이루실 줄을 확신하였으니 그러므로 그것이 그에게 의로 여겨졌느니라."

그래서 '믿음의 시련'이라고 하는 것입니다. 하나님이 사람을 다듬으시는 것은 오직 한 가지 '믿음'뿐입니다.

성경에 나오는 인물들을 보십시오. 그들 중에 인품이 뛰어난 사람이 누가 있습니까? 아브라함, 이삭, 야곱, 요셉, 모세, 다윗, 솔로몬, 욥, 이사야, 예레미야, 요나, 베드로, 요한, 바울, 디모데 등 어떤 사람도 인품이 좋다고 말할 수 없고 그걸 일일이 다 적자면 지면이 부족합니다.

하나님은 그들 모두 '믿음'을 보시고 사용하셨습니다.

히브리서 11장 7~32절을 보십시오. 모두 '믿음의 사람들'이지 '성품의 사람들'이 아닙니다. 예외가 없습니다.

"믿음으로 노아는 아직 보이지 않는 일에 경고하심을 받아 경외함으로 방주를 준비하여 그 집을 구원하였으니 이로 말미암아 세상을 정죄하고 믿음을 따르는 의의 상속자가 되었느니라. 믿음으로 아브라함은 부르심을 받았을 때에 순종하여 장래의 유업으로 받을 땅에 나아갈새 갈 바를 알지 못하고 나아갔으며 믿음으로 그가 이방의 땅에 있는 것 같이 약속의 땅에 거류하여 동일한 약속을 유업으로 함께 받은 이삭 및 야곱과 더불어 장막에 거하였으니 이는 그가 하나님이 계획하시고 지으실 터가 있는 성을 바랐음이라. 믿음으로 사라 자신도 나이가 많아 단산하였으나 잉태

할 수 있는 힘을 얻었으니 이는 약속하신 이를 미쁘신 줄 알았음이라. 이러므로 죽은 자와 같은 한 사람으로 말미암 아 하늘의 허다한 별과 또 해변의 무수한 모래와 같이 많은 후손이 생육하였느니라. 이 사람들은 다 믿음을 따라 죽었 으며 약속을 받지 못하였으되 그것들을 멀리서 보고 환영 하며 또 땅에서는 외국인과 나그네임을 증언하였으니 그들 이 이같이 말하는 것은 자기들이 본향 찾는 자임을 나타냄 이라. 그들이 나온 바 본향을 생각하였더라면 돌아갈 기회 가 있었으려니와 그들이 이제는 더 나은 본향을 사모하니 곧 하늘에 있는 것이라. 이러므로 하나님이 그들의 하나님 이라 일컬음 받으심을 부끄러워하지 아니하시고 그들을 위 하여 한 성을 예비하셨느니라. 아브라함은 시험을 받을 때 에 믿음으로 이삭을 드렸으니 그는 약속들을 받은 자로되 그 외아들을 드렸느니라. 그에게 이미 말씀하시기를 네 자 손이라 칭할 자는 이삭으로 말미암으리라 하셨으니 그가 하나님이 능히 이삭을 죽은 자 가운데서 다시 살리실 줄로 생각한지라. 비유컨대 그를 죽은 자 가운데서 도로 받은 것 이니라. 믿음으로 이삭은 장차 있을 일에 대하여 야곱과 에 서에게 축복하였으며 믿음으로 야곱은 죽을 때에 요셉의 각 아들에게 축복하고 그 지팡이 머리에 의지하여 경배하 였으며 믿음으로 요셉은 임종시에 이스라엘 자손들이 떠날 것을 말하고 또 자기 뼈를 위하여 명하였으며 믿음으로 모 세가 났을 때에 그 부모가 아름다운 아이임을 보고 석 달

동안 숨겨 왕의 명령을 무서워하지 아니하였으며 믿음으로 모세는 장성하여 바로의 공주의 아들이라 칭함 받기를 거절하고 도리어 하나님의 백성과 함께 고난 받기를 잠시 죄악의 낙을 누리는 것보다 더 좋아하고 그리스도를 위하여 받는 수모를 애굽의 모든 보화보다 더 큰 재물로 여겼으니 이는 상 주심을 바라봄이라. 믿음으로 애굽을 떠나 왕의 노함을 무서워하지 아니하고 곧 보이지 아니하는 자를 보는 것 같이 하여 참았으며 믿음으로 유월절과 피 뿌리는 예식을 정하였으니 이는 장자를 멸하는 자로 그들을 건드리지 않게 하려 한 것이며 믿음으로 그들은 홍해를 육지 같이 건넜으나 애굽 사람들은 이것을 시험하다가 빠져 죽었으며 믿음으로 칠 일 동안 여리고를 도니 성이 무너졌으며 믿음으로 기생 라합은 정탐꾼을 평안히 영접하였으므로 순종하지 아니한 자와 함께 멸망하지 아니하였도다. 내가 무슨 말을 더 하리요 기드온, 바락, 삼손, 입다, 다윗 및 사무엘과 선지자들의 일을 말하려면 내게 시간이 부족하리로다.”

하나님은 믿음의 사람을 통해 일하십니다.

믿음으로 살 때 여러 가지 시련과 박해가 옵니다.

그런 것은 그 믿음의 사람 안에 계시는 성령님에 비하면 통의 한 방울 물과 같이 작고 아무것도 아닙니다.

“그들은 믿음으로 나라들을 이기기도 하며 의를 행하기도 하며 약속을 받기도 하며 사자들의 입을 막기도 하며 불의 세력을 멸하기도 하며 칼날을 피하기도 하며 연약한 가운데서 강하게 되기도 하며 전쟁에 용감하게 되어 이방 사람들의 진을 물리치기도 하며 여자들은 자기의 죽은 자들을 부활로 받아들이기도 하며 또 어떤 이들은 더 좋은 부활을 얻고자 하여 심한 고문을 받되 구차히 풀려나기를 원하지 아니하였으며 또 어떤 이들은 조롱과 채찍질뿐 아니라 결박과 옥에 갇히는 시련도 받았으며 돌로 치는 것과 톱으로 켜는 것과 시험과 칼로 죽임을 당하고 양과 염소의 가죽을 입고 유리하여 궁핍과 환난과 학대를 받았으니 이런 사람은 세상이 감당하지 못하느니라. 그들이 광야와 산과 동굴과 토굴에 유리하였느니라."(히 11:33~38)

오늘날 기독교에 '성품'을 강조하는 사람이 있는데 겉으로 보기에는 좋아 보이나 하나님의 뜻과는 다릅니다.

히브리서 11장 6절에 "믿음이 없이는 하나님을 기쁘시게 하지 못하나니 하나님께 나아가는 자는 반드시 그가 계신 것과 또한 그가 자기를 찾는 자들에게 상 주시는 이심을 믿어야 할지니라"고 했습니다. 아무리 성품이 좋아도 믿음이 없으면 하나님을 기쁘시게 할 수 없습니다.

믿음의 사람들은 다들 '믿음의 시련'을 겪었습니다.

그럴 때 그들은 힘들다며 뒤로 물러나지 않고 믿음을 굳게 지켰습니다. 그들은 '온전한 인내'를 이루었습니다.

이 말을 꼭 기억하십시오.

"믿음의 시련이 오면 온전한 인내를 이뤄야 한다."

믿음의 시련이 아닌데 온전한 인내를 이루려고 하는 것은 잘못입니다. 예를 들면 마귀의 유혹과 저주입니다.

그런 것은 믿음의 시련이 아닙니다.

마귀는 대적해야 하며 저주는 물리쳐야 합니다.

기도하고 구한 것을 받았다고 믿을 때, 그것이 현실로 나타나는 과정에서 '시간'의 시련을 겪게 됩니다.

'믿음'이란 동전의 뒷면에는 '인내'가 적혀 있습니다.

이것을 한 덩이로 붙이면 '믿음의 시련'이 됩니다.

문제가 올 때 기뻐하고 감사하며 기도해야 합니다.

믿음의 사람에게는 그 문제가 합력하여 선을 이루기 때문입니다. 하나님은 그분의 일을 이루실 때 수천수만 명 군중이 아닌 믿음의 사람 한 명을 찾으십니다.

당신이 그 사람이 되기 바랍니다.

하나님께 지혜를 구하라

여러 가지 시험이 올 때 어떻게 이길 수 있을까요?

지혜가 필요합니다. 그러므로 지혜를 구해야 합니다.

"너희 중에 누구든지 지혜가 부족하거든 모든 사람에게 후히 주시고 꾸짖지 아니하시는 하나님께 구하라. 그리하면 주시리라."(약 1:5)

이 땅에서 살아가는 동안 반드시 있어야 하는 것이 지혜입니다. 아무리 공부를 잘해도 지혜가 없으면 인생이 고달프고 힘듭니다. 지혜가 제일이니 지혜를 구하십시오.

당신도 지혜가 부족하다고 느끼지 않습니까?

"지혜가 부족하거든 하나님께 구하라"고 했습니다. 하나님께 구하십시오. 그러면 꾸짖지 않고 후히 주십니다.

지혜를 구할 때 오직 믿음으로 구해야 합니다.

예수님은 마태복음 21장 22절에 "너희가 기도할 때에 무엇이든지 믿고 구하는 것은 다 받으리라"고 하셨습니다.

믿고 구하는 것은 다 받는다고 하셨습니다.

지혜를 구하고 받았다고 믿으십시오. 그러면 지혜가 나타날 것입니다. '현재 소유형'으로 믿음의 생각과 말만 하십시오. 하나님이 "주신다"고 했으면 반드시 주십니다.

"지혜를 구하면 주신다"는 약속은 사람의 말이 아닙니다. 하나님의 말씀입니다. 하나님의 종 야고보가 성령에 감동되어 기록한 것입니다. 이 말을 사람의 말로 받지 말고 액면 그대로 하나님의 말씀으로 받으십시오.

"지혜를 구하라"는 말씀에 순종하십시오.

주의 종이 설교 시간에 하나님의 말씀을 전할 때 사람의 말로 받지 말아야 합니다. 하나님의 말씀으로 받을 때 성령님이 당신을 만지기 시작하고 인생이 변화됩니다.

"이 말씀은 내게 주신 거야"라며 내 것으로 받아들이고 순종하면 내 것이 됩니다. 당신도 지혜를 구하십시오.

"하나님, 저에게 지혜를 주세요."

믿음으로 구하고 조금도 의심하지 말라

"오직 믿음으로 구하고 조금도 의심하지 말라."(약 1:6)

기도했으면 받았다고 믿고 조금도 의심하지 말아야 합니다. 어떤 사람은 기도해 놓고도 종일 의심합니다.

또 어떤 사람은 문제와 염려의 보따리를 풀어 놓고 기도한 다음, 기도가 끝나고 집으로 갈 때 그 보따리를 다시 싸서 가져갑니다. 이것은 온전한 믿음이 아닙니다.

사람이 염려를 전혀 안 할 수는 없지만 성경은 그 모든 염려를 주님께 맡기라고 했습니다. "너희 염려를 다 주께 맡기라. 이는 그가 너희를 돌보심이라."(벧전 5:7)

염려하는 대신 하나님의 말씀을 믿어야 합니다.

이렇게 말하면서 살아야 합니다.

"나는 더 이상 염려하지 않는다. 내 모든 염려를 주님께 맡겼다. 나는 종일 기도하고 찬송하겠다. 주님이 나를 돌보신다는 것을 조금도 의심하지 않고 온전히 믿는다."

기도하고 구하는 것은 받은 줄로 믿고 하나님께 맡기십시오. 당신의 모든 염려를 주님께 맡기고 평온하고 감사하고 행복한 마음으로 사십시오. 이것이 온전한 믿음입니다.

염려하지 않아도 모든 일이 다 잘됩니다. 왜일까요?

당신 안에 하나님이 살아 계시기 때문입니다.

"내 생각에는, 내 현실에는"이라고 말하지 마십시오.

성령님의 생각을 하면서 성령님의 인도를 받으세요.

성령님께 모든 문제를 양도하세요.

기도하고 감사하세요.

두 마음을 품은 사람은 정함이 없는 자다

"의심하는 자는 마치 바람에 밀려 요동하는 바다 물결 같으니 이런 사람은 무엇이든지 주께 얻기를 생각하지 말라. 두 마음을 품어 모든 일에 정함이 없는 자로다."(약 1:6~8) 하나님이 가장 싫어하시는 것이 '의심'입니다.

의심하는 사람은 기도해 놓고도 하나님을 믿지 않습니

다. 그런 사람은 마음에 정함이 없기 때문에 하나님이 응답하지 않으신다고 했습니다. 기도하고 구했으면 눈에 보이는 현상을 믿지 말고 하나님의 말씀을 믿어야 합니다.

의심하는 사람은 믿음의 뿌리가 없습니다. 그런 사람은 두 마음을 품어 정함이 없는 사람이기 때문에 '무엇이든지' 하나님께 얻기를 생각조차 하지 말라고 했습니다.

지혜를 구하든, 재정을 구하든, 치유를 구하든, 모든 것에 오직 믿음으로 구하고 조금도 의심하지 말아야 합니다.

왜 자꾸 의심합니까? 눈에 보이는 현상 때문입니다.

눈에 보이는 현상을 믿는 것은 믿음이 아닙니다.

하나님은 눈에 보이지 않는 분입니다. 말씀도 눈에 보이지 않습니다. 하지만 믿음은 '행함으로' 눈에 보입니다.

예수님은 "말씀만 하면 내 하인이 낫는다"고 말한 백부장을 보고 "이만한 믿음을 만나 보지 못했다"고 하셨습니다. 당신도 하나님의 말씀에 대한 믿음을 지키십시오.

그러면 기적을 경험하게 됩니다.

큰 믿음은 어디에 있을까요? 당신 바깥에 있지 않고 당신 안에 있습니다. 당신 안에 믿음의 주요 온전케 하시는 이인 예수님이 실제로 살아 계시기 때문입니다.

당신 안에서 흘러나오는 믿음을 굳게 지키십시오.

나는 어디를 가든지 내 안에서 강물처럼 흘러나오는 성

령님의 지혜와 지식을 가지고 갑니다. 그래야 눈에 보이는 현상에 휘말리지 않기 때문입니다. 나는 어떤 경우에도 내 안에 있는 성령님의 지혜와 지식을 믿고 따르지 사람의 지혜와 지식을 따르지 않습니다. 내 안에 있는 성령님의 음성을 주위 사람들의 말보다 더 크게 여깁니다.

당신이 기도하고 구했으면 믿음을 지켜야 합니다.

그러려면 하나님의 말씀이 당신 안에 풍성히 거하게 해야 합니다. 그리고 그 말씀을 따라 기도하며 전도해야 합니다. 하나님의 말씀만 입술로 고백하십시오.

나는 내 입에서 하나님의 말씀이 나가게 합니다.

당신은 하나님의 말씀을 읽고 묵상하기만 할 것이 아니라 그 말씀이 당신 입에서 불 같이 나가게 해야 합니다.

예레미야 23장 29절에 말씀했습니다.

"여호와의 말씀이니라. 내 말이 불 같지 아니하냐? 바위를 쳐서 부스러뜨리는 방망이 같지 아니하냐?"

말씀을 고백하며 기도하십시오. 그러면 이루어질 것입니다. 많은 말을 한다고 기도 응답 받는 것이 아닙니다. 한마디라도 하나님의 말씀을 고백하며 기도해야 합니다.

하나님은 자신이 말씀하신 언약에 대해 꼭 지키십니다.

"기록하였으되"라고 말하며 기도하면 응답이 옵니다.

나는 이 말씀을 좋아합니다.

"믿는 자에게는 능치 못할 것이 없다."(막 9:23)

나는 언제나 이 말씀의 권능을 따라 살기 때문에 두려울 것이 하나도 없습니다. 하나님께 떨어질까 두려워할 뿐이지 어떤 문제를 만나도 두려워하지 않습니다. 하나님께로부터 떨어지는 것은 '교만' 때문입니다. 하나님은 교만한 자를 대적하시고 겸손한 자에게는 은혜를 주십니다.

나는 평생 겸손하게 해 달라고 기도합니다.

"하나님, 제 평생에 교만하지 않게 해주세요. 예수님처럼 온유하고 겸손한 마음을 주세요."

말씀을 늘 전하는 사람이 되면 어느 순간부터 자신이 기도하지 않아도 된다고 생각할 수 있습니다.

'이미 많은 설교 원고가 있어. 하나씩 읽으면 돼.'

이것이 교만입니다.

주의 종은 조금만 잘되어도 교만해지기 쉽습니다.

그럴수록 더욱 엎드려 기도해야 합니다.

초대교회 사도들처럼 기도와 말씀으로 무장하고 나 자신이 마로 서야 합니다. 그들은 말했습니다. "우리는 오로지 기도하는 일과 말씀 사역에 힘쓰리라."(행 6:4)

큰 군중을 다스리는 것도 중요하겠지만 무엇보다 자신을 잘 다스려야 합니다. 많은 사람을 구원한 후에 자신이 버림받을 수 있습니다. 구원에서 버림받는다는 말이 아니라 사역에서 버림받는다는 말입니다. 내가 하나님께 버림받지 않고 끝까지 귀하게 쓰임 받는 것은 중요합니다.

사람이 온 천하를 얻고도 자기 목숨을 잃으면 소용없습니다. 천국도 내가 가고, 하나님의 일도 주의 성령이 임한 나를 통해 이뤄집니다. 다른 사람이 은혜 받는 것도 중요하지만 내가 먼저 은혜 받고 변화되어야 합니다.

이렇게 기도하기 바랍니다.

"하나님의 말씀이 내 안에 먼저 이루어지게 해주세요. 그리고 나를 통해 모든 것이 흘러 나가게 해주세요."

내 영혼이 먼저 주님 앞에 바로 서야 합니다.

그런 후에 내가 가는 곳에 기적이 일어나야 합니다.

내 영혼이 바로 서지 않은 상태에서 많은 능력과 기적이 일어나면 오히려 곤란합니다. 바울도 그랬습니다.

고린도전서 9장 27절에 바울이 말했습니다.

"내가 내 몸을 쳐 복종하게 함은 내가 남에게 전파한 후에 자신이 도리어 버림을 당할까 두려워함이로다."

늘 깨어 있기 바랍니다.

성령님을 인정하고 존중하라

당신은 성령님이 누구신지 아십니까?

나는 성령님을 만나고 인생이 완전히 바뀌었습니다.

성령님이 아니면 나 스스로 아무것도 할 수 없습니다.

성령님이 나를 위해 어떤 일을 하셨을까요?

성령님 때문에 구원받았습니다. "누구든지 성령으로 아니하고는 예수를 주라 시인할 수 없다"고 했습니다.

성령님 때문에 기도하게 되었습니다. 기도는 내 힘으로는 할 수 없고 성령님이 도우셔야 가능합니다.

성령님 때문에 지혜를 받게 되었습니다. 성령님은 지혜

의 영이시고 총명과 모략과 재능과 지식의 영이십니다.

내 인생에서 선하고 좋은 것이 있다면 그것은 하나에서 열까지 모두 성령님 때문입니다. 성령님이 최고입니다.

성령님이 아니면 아무 일도 할 수 없다

예수님도 성령님을 통해 모든 일을 하셨습니다.

예수님이 요단강에서 세례를 받으실 때 성령이 비둘기처럼 강하게 내리셨습니다. 성령님은 하나님이십니다.

그때 아버지의 음성이 들렸습니다. 어떤 내용입니까?

"이는 내 사랑하는 아들이요 내가 기뻐하는 자다."

그 순간부터 3년 동안 하나님의 영과 함께 사역하셨습니다. 육체로 오신 예수님은 스스로 아무것도 할 수 없었습니다. 그분이 하신 모든 기적은 성령님의 권능입니다.

예수님은 근본 하나님과 본체이지만 자기를 다 비우고 사람의 모양으로 오셨기 때문에 아무 능력이 없었습니다.

그런데 성령님이 오신 후에는 달라졌습니다.

그분은 30년 동안 목수로 일하면서 어떤 기적도 행하지 않으셨지만 성령을 받은 후로는 3년 동안 이 세상 책으로는 다 기록할 수 없을 정도로 많은 기적을 행하셨습니다.

요한은 이것을 말했습니다. "예수께서 행하신 일이 이 외에도 많으니 만일 낱낱이 기록된다면 이 세상이라도 이 기록된 책을 두기에 부족할 줄 아노라."(요 21:25)

성령님은 아버지의 뜻을 이루기 위해 오셨다

하나님은 성령을 보내셔서 모든 일을 이루셨습니다.

예수님은 성령을 통해 아버지의 뜻을 온전히 행하셨습니다. 하루는 제자들이 시장하신 예수님에게 음식을 갖다 드리자 "내게는 너희가 알지 못하는 양식이 있다"고 하셨습니다. 그 양식은 '아버지의 뜻을 행하는 것'이었습니다.

요한복음 4장 32~34절을 보십시오.

"이르시되 내게는 너희가 알지 못하는 먹을 양식이 있느니라. 제자들이 서로 말하되 누가 잡수실 것을 갖다 드렸는가 하니 예수께서 이르시되 나의 양식은 나를 보내신 이의 뜻을 행하며 그의 일을 온전히 이루는 이것이니라."

하나님의 영이 함께 하시니 아버지의 일을 다 이루고 있다고 하신 것입니다. 그것이 그분의 양식이었습니다.

우리도 그런 양식을 먹으면 배고픔을 못 느낍니다.

지금은 어떻게 우리가 하나님의 일을 이루어 드릴 수

있습니까? 예수님이 가고 예수의 영이신 성령님이 오셨기 때문에 가능합니다. 바울은 이렇게 말했습니다.

"너희는 너희가 하나님의 성전인 것과 하나님의 성령이 너희 안에 계시는 것을 알지 못하느냐?"(고전 3:16)

이것이 우주적인 엄청난 기적입니다.

세상에서 가장 큰 기적입니다.

성령님이 모든 것의 주인이시다

당신은 누구를 주인으로 섬깁니까?

자기 자신이 주인이 되어 살면 안 됩니다.

오직 성령님이 주인이심을 인정하고 존중해야 합니다.

성령님을 인정하지 않고 무시하는 사람들이 많습니다.

나도 성경을 읽으면서 깨닫지 못했을 때는 늘 "예수님, 예수님" 했는데 예수님 시대는 가고 성령님 시대가 왔다는 것을 깨닫고는 달라졌습니다. 성령님이 예수님에 대한 모든 것을 가르치고 기억나게 하고 증언하게 하십니다.

예수님 시대에는 사람들의 몸이 하나님의 성전이 아니었습니다. 헤롯의 성전, 솔로몬 성전 등을 성전으로 여겼고 거기에서 황소와 염소와 송아지의 피를 흘리며 제사를 지냈습니다. 그런데 세상 죄를 지고 가는 하나님의 어린 양 예수님이 오셔서 충격적인 말씀을 하셨습니다.

"예수께서 대답하여 이르시되, 너희가 이 성전을 헐라. 내가 사흘 동안에 일으키리라."(요 2:19)

유대인들이 말했습니다. "이 성전은 사십육 년 동안에 지었거늘 네가 삼 일 동안에 일으키겠느냐?"(요 2:20)

그러나 예수님은 성전 된 자기 육체를 가리켜 말씀하신 것이었습니다. 어떤 사람들이 성전을 가리켜 그 아름다운 돌과 헌물로 꾸민 것을 말하자 예수님이 말씀하셨습니다.

"너희 보는 이것들이 날이 이르면 돌 하나도 돌 위에 남지 않고 다 무너뜨려지리라."(눅 21:6)

예수님이 십자가에 못 박혀 죽으실 때 "다 이루었다"(요 19:30)고 외치셨습니다. 그 순간 성소 휘장이 위에서부터 아래로 찢겨져 둘로 나뉘었습니다. 이제는 누구든지 예수의 피를 의지해서 지성소에 들어갈 수 있게 되었습니다.

그것보다 더 놀라운 사실은 바로 우리 몸이 하나님의 성전이 되었다는 것입니다. 아버지의 영이자 예수의 영이신 성령님은 지금 우리 안에 실제로 거하십니다.

이러한 성령 시대가 열렸는데 성령님을 인정하지 않고 존중하지도 않는 사람들이 많습니다. 회개해야 합니다.

지금은 우리 몸이 하나님의 성전입니다.

이 성전을 거룩하게 지켜야 합니다. 하나님의 성전인 우리 몸을 더럽히면 안 됩니다. "누구든지 하나님의 성전을 더럽히면 하나님이 그 사람을 멸하시리라. 하나님의 성전은 거룩하니 너희도 그러하니라."(고전 3:17)

성령 시대가 왔다고 해서 긴장을 늦추면 안 됩니다.

누구든지 하나님의 성전을 더럽히면 하나님이 그 사람을 멸하신다고 했기 때문입니다. 이것은 구원에서 떨어지는 것이 아니라 몸이 고통 받는 것을 말합니다.

"주의 영이 계신 곳에는 자유함이 있다"고 했습니다. 이 말을 바꾸어 보면 "주의 영이 안 계신 곳에는 자유함이 없다"는 것입니다. 율법주의 멍에에 눌리기 때문입니다.

오늘날 사람들이 왜 죄와 저주, 질병으로 고통을 당합니까? 성령님과 성경 말씀을 제대로 몰라서 그렇습니다.

호세아 4장 6절에 "내 백성이 지식이 없으므로 망하는도다"라고 했는데, 여기서 "망한다"는 말은 '고통을 받는다'는 뜻입니다. 하나님의 성전을 더럽히면 고통을 받게 됩니다. 그 안에 평안이 없고 불안만 가득해집니다.

어떻게 하면 성전이 된 우리 몸을 거룩하게 지킬 수 있습니까? 성령님께 도움을 구하면 됩니다. 아침에 일어나면 함께 계신 성령님께 말을 걸고 도움을 구하십시오.

입술로 중얼거리며 이런 말을 하면 됩니다.

"성령님, 감사합니다."

"성령님, 사랑합니다."

"성령님, 저를 인도해 주세요."

그러면 성령님이 우리를 진리로 인도하여 주시고 하나님의 말씀이 기억나고 생각나고 깨닫게 하십니다.

사람들은 말합니다. "너무 생소하고 어색해요."

나도 처음엔 그랬습니다. 습관을 들여야 합니다.

어제는 내가 무엇을 할지 몰라 성령님께 물었습니다.

'제가 무엇을 하면 좋을까요?'

그러자 성령님께서 내 마음에 말씀하셨습니다.

'기도하라. 지금은 때가 악하니 기도하라.'

그 음성을 듣고 오래 기도하니까 마음에 기쁨과 평안이 가득해졌고 성경을 읽는데 영감이 많이 왔습니다.

어떤 문제에 부딪히든 성령님께 물어야 합니다.

남편 문제, 자녀 문제, 재정 문제, 건강 문제 등이 있을 때 혼자 고민하지 말고 성령님께 물어야 합니다.

"성령님, 이걸 어떻게 할까요?"

그러면 내 안에서 세미한 음성으로 말씀하십니다.

어떤 중대한 선택과 결단을 해야 할 때도 성령님께 도움을 구해야 합니다. 이렇게 말씀드리세요.

"성령님, 도와주세요. 인도해 주세요."

그러면 성령님이 실제로 도와주십니다. 성령님이 우리의 주인이시고 하나님이시기 때문에 구체적으로 지시하십니다. 어떤 문제든 내 마음과 생각대로 하면 안 됩니다.

성령님, 저를 가르쳐 주세요

성령님은 가르쳐 주시는 분입니다.

요한복음 16장 13절에 분명히 말씀합니다.

"그러나 진리의 성령이 오시면 그가 너희를 모든 진리 가운데로 인도하시리니 그가 스스로 말하지 않고 오직 들은 것을 말하며 장래 일을 너희에게 알리시리라."

2,000년 전에는 예수님이 제자들을 가르치셨습니다.

"예수께서 낮에는 성전에서 가르치시고."(눅 21:37)

지금은 예수의 영이신 성령님이 가르치십니다.

"보혜사 곧 아버지께서 내 이름으로 보내실 성령 그가 너희에게 모든 것을 가르치고 내가 너희에게 말한 모든 것을 생각나게 하리라."(요 14:26) 문제가 생기면 자꾸 사람에게 가서 가르침을 받으려고 하지 말아야 합니다.

종일 기도하며 성경을 펴놓고 성령님께 물어야 합니다.

그러면 그분이 말씀을 깨닫게 해주시고 또 세미한 음성으로 위로해 주십니다. 성령님은 최고의 선생님이십니다.

그리고 성령님은 초자연적인 평안을 주십니다.

"평안을 너희에게 끼치노니 곧 나의 평안을 너희에게 주노라. 내가 너희에게 주는 것은 세상이 주는 것과 같지 아니하니라. 너희는 마음에 근심하지도 말고 두려워하지도 말라."(요 14:27) 이 평안은 예수님의 평안입니다.

예수님의 평안이 마음에 가득한 사람은 근심과 두려움이 없게 됩니다. 항상 기뻐하고 감사하고 기도하게 됩니다. 이것이 이 땅에서 누리는 천국의 행복한 삶입니다.

다시 성령님을 인정하고 존중하십시오.

문제가 생기면 성령님을 찾으라

당신은 문제가 생기면 누구를 찾습니까?

예수님 시대에는 문제가 생기면 예수님께 갔습니다.

그들은 수천 명을 먹이는 문제든, 세금을 내는 문제든 모두 예수님께 나아가 묻고 도움을 구했습니다. 그 예수님이 지금은 이 땅에 계시지 않습니다. 그러면 우리는 누구에게 나아가 묻고 도움을 구해야 합니까? 성령님입니다.

"성령님, 이 문제를 어떻게 할까요?"라고 입을 열어 중
얼거리며 도움을 구하면 당신의 마음에서 세미한 소리가
들릴 것입니다. 마음속으로 이렇게 여쭈어도 됩니다.

'갈까요? 말까요?'
'할까요? 말까요?'

그러면 성령님이 '하라, 하지 마라'고 말씀하십니다.
그분이 하라고 말씀하시면 순종하는 마음으로 그 일을
하려고 힘써야 합니다. 바울이 그랬습니다.
"밤에 환상이 바울에게 보이니 마게도냐 사람 하나가
서서 그에게 청하여 이르되 '마게도냐로 건너와서 우리를
도우라' 하거늘 바울이 그 환상을 보았을 때 우리가 곧 마
게도냐로 떠나기를 힘쓰니라."(행 16:9~10)
성령님께 묻는 습관이 참 중요합니다.
이런 습관이 안 되면 육신을 따라 행하게 됩니다.
남편 문제가 있습니까? 이렇게 말씀드리세요.
"성령님, 남편 문제를 어떻게 할까요?"
그러면 성령님이 말씀하십니다.
'남편을 사랑하라. 그를 위해 기도하라.'
자녀 문제가 있습니까? 이렇게 말씀드리세요.

“성령님, 자녀 문제를 어떻게 할까요?”

그러면 성령님이 말씀하십니다.

‘자녀를 이해하라. 그를 위해 기도하라.’

남편과 자녀를 위해 축복하십시오. 그러면 성령님이 그분의 때에 맞게 정확하게 역사해 주십니다.

이 세상 지혜는 어리석은 것이다

심리학, 상담학, 철학 등의 이 세상 지혜로 인생 문제를 해결하려고 하지 마십시오. 어리석은 생각입니다.

고린도전서 3장 18~20절을 보십시오.

“아무도 자신을 속이지 말라. 너희 중에 누구든지 이 세상에서 지혜 있는 줄로 생각하거든 어리석은 자가 되라. 그리하여야 지혜로운 자가 되리라. 이 세상 지혜는 하나님께 어리석은 것이니 기록된 바 하나님은 지혜 있는 자들로 하여금 자기 꾀에 빠지게 하시는 이라 하였고 또 주께서 지혜 있는 자들의 생각을 헛것으로 아신다 하셨느니라.”

세상 지혜는 어리석습니다. 세상에서 지혜 있다고 하는 자들이 다들 자기 꾀에 빠집니다. 자기 꾀, 자기 생각, 자기 선택에 빠져서 망하는 사람들이 많습니다. 인간의 간사

한 꾀를 의지하는 사람은 하나님이 돕지 않으십니다.

이 세대의 통치자들을 의지하지 마십시오.

사람이 아닌 성령님을 의지하라

당신은 통치자들의 지혜를 떠받들지 않습니까?

통치자들은 하나님의 지혜이신 예수님을 모릅니다. 그러므로 통치자들이 아닌 성령님을 의지해야 합니다.

어떻게 하면 하나님의 지혜를 알 수 있을까요?

첫째, 세상 정치가들이 아닌 성령님을 의지해야 합니다. "이 지혜는 이 세대의 통치자들이 한 사람도 알지 못하였나니 만일 알았더라면 영광의 주를 십자가에 못 박지 아니하였으리라"(고전 2:8)고 말씀했습니다.

세상 정치가들은 자기가 똑똑하다고 매스컴에서 떠들지만 결국 자기 꾀에 빠집니다. 이 세상의 모든 왕들과 관원들, 백성들보다 지혜로우신 분이 성령님이십니다.

왕들과 관원들이 예수님이 누구신지 몰라 그분을 십자가에 못 박았습니다. 그들이 만약 예수님이 누구신지 알았더라면 그분을 십자가에 못 박지 않았을 것입니다.

둘째, 성령님이 아니고는 예수님을 알 수 없습니다.

“기록된 바 하나님이 자기를 사랑하는 자들을 위하여 예비하신 모든 것은 눈으로 보지 못하고 귀로 듣지 못하고 사람의 마음으로 생각하지도 못하였다 함과 같으니라. 오직 하나님이 성령으로 이것을 우리에게 보이셨으니 성령은 모든 것 곧 하나님의 깊은 것까지도 통달하시느니라.”(고전 2:9~10) 그렇습니다. 성령으로 거듭나지 않은 사람은 하나님의 말씀을 하나도 깨달을 수 없습니다. 하나님의 말씀을 제대로 알아들을 수도 없고 온전히 믿을 수도 없습니다. 성령으로만 하나님의 깊은 것을 통달하고 깨달을 수 있습니다. 모든 사람은 성령으로 거듭나야 합니다. 그리고 이렇게 말씀드리며 매일 성령님을 의지해야 합니다.

“성령님, 제가 하나님의 말씀을 잘 깨닫게 해주세요.”

셋째, 사람의 일을 사람의 속에 있는 영 외에는 알 자가 없습니다. “사람의 일을 사람의 속에 있는 영 외에 누가 알리요 이와 같이 하나님의 일도 하나님의 영 외에는 아무도 알지 못하느니라.”(고전 2:11)

사람의 생각을 알려면 그 사람의 말을 들어보아야 합니다. 아무리 많은 생각을 하고 있어도 입술로 말하지 않으면 모릅니다. 그 사람의 말을 들어보면 ‘아, 이 사람에게 이런 고통이 있구나’라는 것을 알게 됩니다.

그 후에 우리는 성령님께 도움을 구해야 합니다.

'성령님, 어떻게 도와줄까요?'

그리고 성령의 권능으로 그들을 도와주어야 합니다.

그들의 가슴 아픈 말을 듣고 함부로 판단하거나 정죄하면 안 됩니다. 믿음과 위로의 말로 도와주어야 합니다.

하나님의 일도 하나님의 영 외에는 아무도 알지 못합니다. 하나님의 영은 하나님의 말씀을 깨닫게 하십니다.

넷째, 우리는 세상의 영을 받지 않고 오직 하나님으로부터 온 영을 받았습니다. "우리가 세상의 영을 받지 아니하고 오직 하나님으로부터 온 영을 받았으니 이는 우리로 하여금 하나님께서 우리에게 은혜로 주신 것들을 알게 하려 하심이라."(고전 2:12) 하나님은 성령을 통해 우리에게 그분이 은혜로 주신 것들을 모두 알게 하십니다.

오직 영으로 인도하심을 받는 사람은 하나님의 아들입니다. 육신의 생각에 사로잡힌 세상 사람은 하나님의 아들이라 할 수 없습니다. 당신이 처음으로 예수를 믿게 되면 믿지 않는 가정에 있는 동안 큰 고통과 어려움이 옵니다. 온갖 박해와 분쟁이 옵니다. 이것을 당연한 일로 받아들여야 한다고 예수님이 말씀하셨습니다.

"내가 세상에 화평을 주려고 온 줄로 아느냐? 내가 너희에게 이르노니 아니라, 도리어 분쟁케 하려 함이로라. 이후부터 한 집에 다섯 사람이 있어 분쟁하되 셋이 둘과, 둘이 셋과 하리니 아비가 아들과, 아들이 아비와, 어미가 딸과, 딸이 어미와, 시어미가 며느리와, 며느리가 시어미와 분쟁하리라 하시니라.”(눅 12:51~53)

그런 영적인 싸움에서 이겨야 합니다.

마귀와 악한 영들이 사람들의 배후에서 역사하기 때문에 영적 전쟁이 일어나는 것입니다. 그러므로 하나님께 더욱 간절히 기도함으로 성령의 도우심을 얻어야 합니다.

“나는 하나님이 아니면 살 수 없다. 죽으면 죽으리라”는 믿음으로 결단해야 합니다. 예수 믿음을 지켜야 합니다.

“성도들의 인내가 여기 있나니 그들은 하나님의 계명과 예수에 대한 믿음을 지키는 자니라.”(계 14:12)

우상을 숭배하지 말고 하나님의 계명을 지키십시오.

예수에 대한 믿음을 굳게 지키십시오.

다섯째, 성령님의 가르치심을 따라 분별해야 합니다.

“우리가 이것을 말하거니와 사람의 지혜가 가르친 말로 아니하고 오직 성령께서 가르치신 것으로 하니 영적인 일은 영적인 것으로 분별하느니라”(고전 2:13)고 했습니다.

당신은 어떤 모임에 가서 교제를 나눕니까? 분별없이 아무데나 가서 앉아 있지 마십시오. 그러면 영혼을 망칩니다. 교회는 ‘믿음 안에서 교제를 나누는 공동체’입니다.

안타까운 것은 교회 안에서 육신의 생각으로 교제를 나

누는 경우가 많다는 것입니다. 그들은 모이기만 하면 주의 종을 비판하며 온갖 세상 잡담을 합니다. 그런 잡담은 영혼을 궁핍하게 합니다. 당신의 귀한 영혼을 망칩니다.

왜 하나님의 자녀가 그런 '육신의 모임'에 가서 앉아 있습니까? 그곳에서 빠져나오십시오. 성령을 받은 사람은 그런 곳에 가서 앉아 있으면 답답해서 못 견딥니다.

베드로는 구별된 삶을 살라고 말했습니다.

"오직 너희를 부르신 거룩한 이처럼 너희도 모든 행실에 거룩한 자가 되라. 기록되었으되 내가 거룩하니 너희도 거룩할지어다 하셨느니라."(벧전 1:15~16)

"거룩하다"는 말은 '구별되다'는 뜻입니다.

성령으로 거듭난 사람은 썩어질 육신의 모임에 앉아 있지 말고 오직 복음 안에서 영적인 교제를 나눠야 합니다.

"너희가 거듭난 것은 썩어질 씨로 된 것이 아니요 썩지 아니할 씨로 된 것이니 살아 있고 항상 있는 하나님의 말씀으로 되었느니라. 그러므로 모든 육체는 풀과 같고 그 모든 영광은 풀의 꽃과 같으니 풀은 마르고 꽃은 떨어지되 오직 주의 말씀은 세세토록 있도다 하였으니 너희에게 전한 '복음'이 곧 이 말씀이니라."(벧전 1:23~25)

당신이 어떤 예배에 가든지 그곳에 복음의 말씀이 있는지 살피십시오. 복음의 말씀이 없으면 썩어질 곳입니다.

아무리 겉으로 경건해 보여도 '육신의 모임'입니다.

"경건의 모양은 있으나 경건의 능력은 부인하니 이같은 자들에게서 네가 돌아서라"(딤후 3:5)고 했습니다.

영적인 것은 영적으로 분별해야 합니다.

여섯째, 육에 속한 사람과 어울리지 말아야 합니다.

"육에 속한 사람은 하나님의 성령의 일들을 받지 아니하나니 이는 그것들이 그에게는 어리석게 보임이요 또 그는 그것들을 알 수도 없나니 그러한 일은 영적으로 분별되기 때문이라."(고전 2:14) 여기에 보면 '육에 속한 사람'과 '영에 속한 사람'이 있다는 것입니다. 어떤 사람을 만나 교제할 것인지는 당신이 지혜롭게 잘 선택해야 합니다.

모임도 그렇습니다. 육에 속한 모임이 있고 영에 속한 모임이 있습니다. 예배도 그렇습니다. 육에 속한 예배가 있고 영에 속한 예배가 있습니다. 어떤 곳에 가서 앉아 있을 것인지는 당신이 선택해야 합니다.

"육에 속한 사람은 하나님의 성령의 일들을 받지 아니하나니"라고 했습니다. 아무리 오래 신앙생활을 하고 집사와 장로가 되고 헌금과 봉사를 많이 해도 하나님의 성령의 일들을 받지 않으면 소용없습니다. 그저 육신의 사람일 뿐입니다. 마리아는 영의 사람이었지만 마르다는 육신의 사람이었습니다. 조금이 아닌 완전히 다릅니다.

아브라함은 영의 사람이었지만 조카 롯은 육신의 사람이었습니다. 이삭은 영의 사람이었지만 이스마엘은 육신의 사람이었습니다. 사라는 영의 사람이었지만 하갈은 육신의 사람이었습니다. 야곱은 영의 사람이었지만 에서는 육신의 사람이었습니다. 요셉은 영의 사람이었지만 형제들은 육신의 사람이었습니다. 완전히 다릅니다.

당신은 어떤 길을 가고 어떤 사람을 벗으로 사귈지 선택해야 합니다. 영의 사람이 되고 영의 길을 가십시오.

"이는 그것들이 그에게는 어리석게 보임이요 또 그는 그것들을 알 수도 없나니"라고 했습니다. 육신의 사람들은 하나님의 성령의 일이 어리석게 보입니다. 그들은 그 일을 알 수도 없습니다. 영적인 일은 영적으로 압니다.

성령을 받고 기도하는 사람은 영적인 일을 압니다.

육적인 사람은 하나도 모릅니다. 그들은 생각합니다.

'저게 무슨 일이야? 왜 저런 일이 생기는 거지?'

그리고 육신의 생각으로 모든 것을 판단하고 비판합니다. 성령의 역사를 보고도 "저건 마귀의 일이야. 쇼하는 거야. 속임수야"라며 비판합니다. 예수님 때도 그랬습니다.

마가복음 3장 21~30절을 보십시오.

"예수의 친족들이 듣고 그를 붙들러 나오니 이는 그가

미쳤다 함일러라. 예루살렘에서 내려온 서기관들은 그가 바알세불이 지폈다 하며 또 귀신의 왕을 힘입어 귀신을 쫓아낸다 하니 예수께서 그들을 불러다가 비유로 말씀하시되 사탄이 어찌 사탄을 쫓아낼 수 있느냐? 또 만일 나라가 스스로 분쟁하면 그 나라가 설 수 없고 만일 집이 스스로 분쟁하면 그 집이 설 수 없고 만일 사탄이 자기를 거슬러 일어나 분쟁하면 설 수 없고 망하느니라. 사람이 먼저 강한 자를 결박하지 않고는 그 강한 자의 집에 들어가 세간을 강탈하지 못하리니 결박한 후에야 그 집을 강탈하리라. 내가 진실로 너희에게 이르노니 사람의 모든 죄와 모든 모독하는 일은 사하심을 얻되 누구든지 성령을 모독하는 자는 영원히 사하심을 얻지 못하고 영원한 죄가 되느니라 하시니 이는 그들이 말하기를 더러운 귀신이 들렸다 함이러라."

놀랍지 않습니까? 그들은 성령을 모독했습니다.

예수의 친족들이 예수를 보고 "미쳤다"고 했습니다.

예루살렘에서 내려온 서기관들이 예수님을 보고 "귀신 들렸다"고 했습니다. 바알세불은 '똥파리의 주'라는 뜻인데 예수님에게 이 말을 사용했습니다. "저가 귀신의 왕을 힘입어 귀신을 쫓아낸다"고 했는데, 성령 모독죄입니다.

예수님은 "사람의 모든 죄와 모든 모독하는 일은 사하심을 얻되 누구든지 성령을 모독하는 자는 영원히 사하심을 얻지 못하고 영원한 죄가 된다"고 질책하셨습니다.

우리도 항상 조심해야 합니다. 성령님의 역사에 대해 모르면 가만있어야 합니다. 함부로 비판하면 성령 모독죄를 짓게 됩니다. 그런 성령 모독죄는 보지도 듣지도 말하지도 생각하지도 말고 남에게 옮기지도 말아야 합니다.

육적인 사람은 육적인 사람끼리 모여 죄를 짓습니다.

영적인 사람은 영적인 사람끼리 모여야 삽니다.

교회 안에서도 육적인 사람과 영적인 사람이 서로 안 맞아서 심하게 부딪힙니다. 그래서 둘 중에 하나가 나가는 경우가 많습니다. 어쩔 수 없습니다. 예수님 당시에도 예수님을 믿으면 유대교에서 즉시 출교를 당했습니다.

당신 자신이 믿음으로 살려고 애를 써야 합니다.

성령을 받은 사람이 육신의 사람에게 비위를 맞춰 가며 살 수는 없습니다. 로마서에 "육신의 생각은 사망이요 하나님을 기쁘시게 할 수 없고 하나님과 원수가 된다"고 했기 때문입니다. 하나님을 기쁘시게 하는 사람이 되십시오.

교회를 다니면서 하나님과 원수 되는 생각과 말은 하지 말아야 합니다. 하나님은 육신의 생각을 따라 교만하게 행동하는 자를 대적하시고 성령을 따라 겸손하게 사는 자에게 은혜를 주십니다. 영의 사람을 따라 가야 모두 삽니다.

육신의 사람을 따라가면 다 죽습니다.

"육신을 따르는 자는 육신의 일을, 영을 따르는 자는 영의 일을 생각하나니 육신의 생각은 사망이요 영의 생각은 생명과 평안이니라. 육신의 생각은 하나님과 원수가 되나니 이는 하나님의 법에 굴복하지 아니할 뿐 아니라 할 수도 없음이라. 육신에 있는 자들은 하나님을 기쁘시게 할 수 없느니라."(롬 8:5~8)

육신을 따라 살지 마십시오.

마지막 때는 더욱 알곡과 쭉정이가 구별됩니다.

예수님은 "그 열매로 그들을 알리라"고 했습니다.

육신의 열매를 맺지 말고 영의 열매를 맺으십시오.

일곱째, 바울은 오직 믿음으로 하나님의 일을 한다고 했습니다. 우리도 바울처럼 믿음으로 일해야 합니다.

문제가 생기면 성령님께 먼저 물으십시오.

'성령님, 어떻게 할까요?'

성령님의 인도하심을 받으십시오. 아침에 일어나면 제일 먼저 성령님께 말을 걸고 사랑을 고백하십시오.

"성령님, 사랑합니다. 감사합니다. 행복합니다."

그리고 어디를 갈 때마다 성령님을 존중하십시오.

"성령님, 함께 가시지요."

전도할 때는 몸과 마음을 성령님께 양도하십시오.

"성령님, 지금 사람을 만나러 나갑니다. 저의 마음과 생각과 입술을 주관해 주세요."

그러면 내 생각으로 살게 두지 않고 하나님의 생각으로 살도록 도우십니다. 종일 성령님을 부르며 찾으세요.

"오늘도 모든 삶을 성령님이 주관해 주세요."

습관이 인생을 만듭니다. 육적인 삶에서 영적인 삶으로 습관을 하나씩 바꿔 가며 풍성한 삶을 살기 바랍니다.

예수님은 풍성한 생명을 주기 위해 오셨습니다.

"내가 온 것은 양으로 생명을 얻게 하고 더 풍성히 얻게 하려는 것이라."(요 10:10)

그렇다면 풍성한 삶은 무엇일까요?

'예수님이 십자가에서 다 이룬 복음'을 믿고 누리는 것입니다. 예수님이 우리 대신 십자가에서 피와 물을 쏟으며 "다 이루었다"(요 19:30)고 외치고 죽으셨습니다.

우리는 그리스도 안에서 새로운 피조물이 되었습니다.

우리 안에 생수의 강으로 가득히 들어와 계신 성령님께 "오늘도 의롭고 성령 충만하고 건강하고 부요하고 지혜로운 삶을 살게 해주세요"라고 도움을 구하십시오.

그리고 날마다 자신에 대해 이렇게 선포하십시오.

"나는 의인이다."

"나는 성령 충만하다."

"나는 건강하다."

"나는 지혜롭다."

"나는 부요하다."

"나는 평화를 가졌다."

"나는 생명을 가졌다."

천국 같이 살다가 천국으로 갑시다.

실상은 네가 부요한 자니라

당신은 죽도록 충성하고 있습니까?

나는 예수님께 죽도록 충성하기로 뜻을 정했습니다.

우리가 뜻을 정하고 성령님께 도움을 구하면 그분이 그렇게 할 수 있도록 도와주십니다. 내 힘으로 하는 것이 아니기 때문에 조금도 두려워하거나 부담을 가질 필요 없습니다. 성령님은 모든 환난과 박해보다 크신 분입니다.

주님을 뜨겁게 사랑하던 사람이 언제 그랬냐는 듯이 믿음이 식어 교회를 떠나는 경우가 종종 있습니다.

왜일까요? 자신에게 환난과 궁핍이 왔다는 것입니다.

주님은 그렇게 행동하지 말라고 말씀하십니다.

"네 환난과 궁핍을 안다. 그래도 너는 부요한 자다."

우리는 환난과 궁핍이 왔다고 뒤로 물러가면 안 됩니다. 예수님은 그런 서머나 교회에 "죽도록 충성하라"고 말씀하셨습니다. 이 말씀에서 깨달음을 얻고 자신의 믿음을 돌아보며 마음을 굳세게 해야 합니다. 무엇일까요?

예수님은 죽었다가 살아나셨다

"서머나 교회의 사자에게 편지하라. 처음이며 마지막이요 죽었다가 살아나신 이가 이르시되."(계 2:8)

예수님은 죽었다가 살아나신 분입니다. 그런 예수의 영이신 성령님이 당신 안에 와 계십니다. 그러므로 당신은 죽음까지도 두려워할 필요가 없습니다. 담대하십시오.

성령님은 당신의 마음을 다 알고 계십니다. 그분이 하나님이시기 때문입니다. 그분이 말씀하십니다.

"너희가 믿음이 있는가 자신을 확증하라."(고후 13:5)

믿음이 왜 그렇게 중요할까요? 믿음으로만 하나님과 관계를 맺을 수 있기 때문입니다. 믿음을 가지십시오.

예수를 구주로 믿음으로 죄를 사함 받고 성령으로 거듭

나 하나님의 자녀가 되고 천국에 들어갑니다. 믿음이 없으면 죄를 사함 받지 못하고 성령으로 거듭날 수 없으며 하나님의 자녀가 될 수도 없고 천국에도 못 들어갑니다.

이러한 믿음이 얼마나 중요합니까? 우리는 어떠한 경우에도 믿음을 지켜야 합니다. 믿음에 굳세게 서서 마귀를 대적하고 고난 중에도 죽기까지 충성해야 합니다.

베드로전서 5장 7~10절에, 고난이 오면 믿음을 굳건하게 하여 마귀를 대적하라고 했습니다. "너희 염려를 다 주께 맡기라. 이는 그가 너희를 돌보심이라. 근신하라. 깨어라. 너희 대적 마귀가 우는 사자 같이 두루 다니며 삼킬 자를 찾나니 너희는 믿음을 굳건하게 하여 그를 대적하라. 이는 세상에 있는 너희 형제들도 동일한 고난을 당하는 줄을 앎이라. 모든 은혜의 하나님 곧 그리스도 안에서 너희를 부르사 자기의 영원한 영광에 들어가게 하신 이가 잠깐 고난을 당한 너희를 친히 온전하게 하시며 굳건하게 하시며 강하게 하시며 터를 견고하게 하시리라."

이 세상에 문제가 하나도 없는 사람은 없습니다.

다들 크고 작은 문제로 밤낮 염려하고 고민합니다.

베드로는 "너희 염려를 다 주께 맡기라. 주님이 너희를 돌보신다"고 했습니다. 당신만 고난을 받는 것이 아니라 모든 형제들도 동일한 고난을 당하고 있다고 했습니다.

그런 고난은 잠깐이며, 그것을 통해 주님은 당신을 온전하게 하시고 굳건하게 하시고 강하게 하시고 터를 견고케 하십니다. 성령님은 모든 고난보다 크신 분입니다.

고난은 통의 한 방울 물과 같이 작습니다.

실상은 네가 부요한 자니라

"내가 네 환난과 궁핍을 알거니와 실상은 네가 부요한 자니라. 자칭 유대인이라 하는 자들의 비방도 알거니와 실상은 유대인이 아니요 사탄의 회당이라."(계 2:9)

환난과 궁핍 가운데 있어도 당신은 부요합니다.

"나는 부요하지 않은데요. 돈이 없어요."

주님이 부요하다면 부요한 것입니다.

"실상은 네가 부요한 자니라."

믿음이 있는 사람은 어떤 환난과 궁핍 가운데서도 흔들리지 않습니다. 조금도 의심하지 않고 더욱 믿습니다.

믿음의 사람은 하나님을 사랑하고 기쁘시게 하며, 어떤 경우에도 인간적으로 타협하지 않습니다. 그로 인해 잠시 따돌림 당하며 고통을 당할 수도 있습니다. 그래도 걱정하지 않습니다. 성령님이 지키고 돌보기 때문입니다.

주님께 쓰임 받고자 하는 사람은 절대로 인간의 생각에 매이지 말아야 하며, 인간적인 정에 끌려 다니지 말아야 합니다. 오직 성령님의 인도하심을 따라 살아야 합니다.

하나님은 믿음의 사람에게 어떤 고난도 이겨낼 수 있도록 말씀을 주십니다. 그 말씀을 붙들고 기도하게 하십니다. 기도와 말씀으로 모든 고난을 이기게 하십니다.

말씀을 붙들고 기도하는 사람은 반드시 이깁니다.

내가 예전에 요양 병원에서 직장 생활할 때였습니다.

6층은 걸어 다닐 수 있는 일반 환자들이었고 3층은 누워 있는 중환자들이었기 때문에 많이 힘들었습니다.

코에 줄을 연결해 음식을 먹이기도 했기 때문에 일이 많았습니다. 종일 그렇게 일하다 보면 몸이 지쳤습니다.

그렇게 직장을 다니면서 매일 새벽 기도회에 나가 영적으로 살려고 하니까 몸도 마음도 많이 힘들었습니다.

"시험에 들지 않게 깨어 있으라"고 했기 때문에 그러려고 애썼지만 "마음은 원이로되 육신이 약하도다"라는 말씀처럼 내 몸이 무척 힘들었습니다. 정신은 일어나서 교회에 가고 싶은데 몸이 힘드니까 안 일어나졌습니다.

새벽 기도회에 가서 말씀도 듣고 싶고 기도도 오래 하고 싶은데 몸이 너무 피곤했습니다. 영을 따라 살 때는 나도 모르게 벌떡 일어나 교회에 갔는데, 육신의 일을 너무

많이 하다 보니까 마음에 원이 있어도 안 되었습니다. 육
신의 생활에 매이니까 몸이 감당이 안 되었습니다.

직장을 다니더라도 육신적으로 너무 힘든 일을 종일 하
게 되면 영적인 생활을 유지하는 것이 힘들어집니다. 그래
도 나는 어떻게든 일어나서 기도하러 가려고 했습니다.

'이렇게 누워 있으면 안 돼. 아무리 힘들어도 일어나야
해. 움직여야 해. 육신의 연약함에 끌려가면 안 돼.'

그렇게 겨우 일어나서 10분 정도 걸어 교회로 갔고 하
나님이 강권적으로 이끌어 기도하게 하셨습니다.

당신도 습관을 좇아 매일 오래 기도하려면 몸이 너무
피곤한 직업은 선택하지 않는 것이 좋습니다.

깨어 기도하며 자신의 믿음을 굳게 지키지 않으면 사람
들의 말을 듣고 끌려 다닐 수밖에 없습니다. 아무리 말씀
을 많이 읽고 암송해도 기도가 없으면 영적인 힘이 없기
때문에 온전히 성령을 좇아 살아갈 수 없습니다.

고난을 두려워하지 말라

"너는 장차 받을 고난을 두려워하지 말라. 볼지어다. 마
귀가 장차 너희 가운데에서 몇 사람을 옥에 던져 시험을

받게 하리니 너희가 십일 동안 환난을 받으리라. 네가 죽도록 충성하라. 그리하면 내가 생명의 관을 네게 주리라.” (계2:10) 어떤 고난도 두려워하지 마십시오.

우리는 이 땅에 사는 동안 악한 영들의 공격을 받습니다. 믿음의 사람은 고난 받을 때 자신을 정죄하지 말아야 합니다. 자신이 뭔가 큰 죄를 짓거나 잘못해서 고난을 당하는 것이 아닌 경우가 많습니다. 왜 그럴까요?

악한 영들이 공격하기 때문입니다.

악한 영들은 부정적인 생각을 집어넣어 우리의 믿음을 빼앗으려고 합니다. 믿음을 빼앗기면 안 됩니다.

잠언 4장 23절에 “모든 지킬 만한 것 중에 더욱 네 마음을 지키라. 생명의 근원이 이에서 남이니라”고 했습니다.

믿음을 굳게 하여 마귀를 대적해야 합니다.

“나사렛 예수의 이름으로 명한다. 악한 마귀야, 물러가라. 성령 하나님이 나와 함께 하신다.”

성령님이 예수의 영, 진리의 영으로 오셨습니다.

그렇기 때문에 우리는 예수 이름으로 악한 영을 꾸짖고 대적해야 합니다. 예수 이름은 하나님의 이름입니다.

예수 이름은 우리에게 사용하라고 주신 것입니다.

그 이름을 사용하지 않으면 나만 손해입니다.

깨어 기도함으로 성령 충만한 삶을 살며, 눈에 보이지

않는 악한 영들을 예수 이름으로 명령해서 무릎 꿇게 해야 합니다. 그리고 입술을 열어 우리를 지으신 하나님을 찬송해야 합니다. 하나님은 찬송하라고 우리를 지으셨습니다.

히브리서 13장 15절에 이렇게 말씀합니다. "그러므로 우리는 예수로 말미암아 항상 찬송의 제사를 하나님께 드리자. 이는 그 이름을 증언하는 입술의 열매니라."

기도와 말씀, 찬송과 예수 이름으로 명령하는 것, 이런 것들이 영적 전쟁을 하는데 있어 강력한 무기입니다.

고난 중에도 기도하며 하나님을 찬송해야 합니다.

바울과 실라가 그랬습니다. 그들은 빌립보에서 전도하다가 고소를 당해 온몸에 채찍을 맞고 냄새나는 옥에 갇혔지만 기도하고 하나님을 찬송했습니다. 그러자 하나님의 권능이 임하여 모든 사람의 매인 것이 풀리고 옥문이 터졌습니다. 기적이 일어났습니다. "한밤중에 바울과 실라가 기도하고 하나님을 찬송하매 죄수들이 듣더라. 이에 갑자기 큰 지진이 나서 옥터가 움직이고 문이 곧 다 열리며 모든 사람의 매인 것이 다 벗어진지라."(행 16:25~26)

염려는 믿음의 적입니다. 염려가 오면 어떻게 해야 할까요? 주님께 맡겨야 합니다. "너희 염려를 다 주께 맡기라"고 했습니다. 이렇게 말씀드리십시오.

"성령님, 제 모든 염려를 성령님께 양도합니다."

마귀와 육신은 끊임없이 염려를 일으킵니다.

그 모든 염려를 성령님께 양도하십시오.

우리는 마귀의 소리, 육신의 소리를 따라 살지 말고 오직 성령님의 음성을 따라 살아야 합니다. 그리고 순간마다 이렇게 말씀드리며 성령님께 도움을 구해야 합니다.

"성령님, 감사합니다. 오늘도 저를 인도해 주세요."

어떤 어려움 가운데서도 믿음을 빼앗기면 안 됩니다.

더욱 많이 기도하고 하나님을 찬송하십시오. 모든 일에 감사하며 하나님께 영광 돌리십시오. 정신을 차리고 늘 깨어 있으십시오. "항상 기도하며 깨어 있으라."(눅 21:36)

성령님은 소멸하는 불과 같습니다. 기도할 때 성령님이 육신의 생각을 소멸하십니다. 육신의 생각이 소멸되어야 믿음으로 승리합니다. "예수의 피로 우리를 값 주고 샀다"고 말씀합니다. 그리고 성령을 부어 주셨습니다.

우리는 성령을 소멸치 말아야 합니다.

성령님은 하나님이기 때문에 소멸하지 않습니다.

하지만 그분은 인격자이기 때문에 우리가 그분을 인격적으로 인정하지 않고 무시하면 우리의 삶에서 성령님의 임재와 기름 부으심을 소멸하게 되는 것입니다.

믿음은 가만있는데 저절로 지켜지는 것이 아닙니다.

각 사람이 "어떤 경우에도 내가 믿음을 지키리라"고 결단해야 합니다. 매일 뜻을 정하고 결단해야 합니다.

"오늘도 믿음을 지키겠다."

이 땅에서 육신으로 살고 있는 한, 마귀라는 대적자가 있는 한, 우리는 영적인 전쟁을 하고 있는 것입니다.

이렇게 결단하고 강하고 담대하십시오.

"나는 오늘 믿음으로 살겠다."

성령님의 음성을 듣는 귀를 가지라

당신은 성령님의 음성을 듣습니까?

"귀 있는 자는 성령이 교회들에게 하시는 말씀을 들으라."(계 2:11) 영적인 귀를 활짝 열고 사십시오.

성령님은 지금도 살아 계셔서 각 사람에게 세미한 음성으로 말씀하십니다. 당신이 정말 믿음이 있다면 오직 성령님의 음성을 따라 살며 어떤 경우에도 사람의 말을 듣고 그들과 인간적으로 타협하지 말아야 합니다.

오직 성경 말씀과 성령님의 음성을 따라 사십시오.

그러면 마음에 하나님의 믿음이 가득해집니다.

하나님의 믿음으로 세상을 이기십시오.

요한일서 5장 4절에 이렇게 말씀합니다.

"무릇 하나님께로부터 난 자마다 세상을 이기느니라. 세상을 이기는 승리는 이것이니 우리의 믿음이니라."

오늘도 이런 결단을 하고 선포하십시오.

"내 안에 하나님이 살아 계신다."

"나는 오늘도 믿음으로 세상을 이긴다."

어떤 일이 있어도 염려하지 말고 성령님께 물으십시오.

성령님의 음성을 듣고 순종하십시오. 예수 이름으로 명령함으로 문제의 산을 여기서 저기로 옮기십시오.

예수님이 마가복음 11장 23절에 말씀했습니다.

"내가 진실로 너희에게 이르노니 누구든지 이 산더러 들리어 바다에 던져지라 하며 그 말하는 것이 이루어질 줄 믿고 마음에 의심하지 아니하면 그대로 되리라."

예수 이름에 큰 권세가 있습니다.

우리는 눈에 보이는 것에 주의를 기울이거나 마음을 빼앗기지 않도록 하나님 앞에서 늘 깨어 있어야 합니다.

그리고 언제나 마음을 담대히 해야 합니다.

히브리서 10장 35절에 "그러므로 너희 담대함을 버리지 말라. 이것이 큰 상을 얻게 하느니라"고 했습니다.

마음에 담대함이 없고 강한 믿음과 영력과 영권이 없으면 세상의 악한 영과 육신의 생각이 와서 우리 마음을 다 무너뜨립니다. 그러면 우리는 진 자가 됩니다.

이 세상은 영적인 싸움터입니다.

예수님이 당신 안에 살아 계십니다. 그러므로 당신은 항상 담대해야 합니다. 사람들의 육신적인 말을 듣지 말고 오직 말씀을 붙들고 영적인 싸움에 승리해야 합니다.

믿지 않는 자들과는 오래 앉아 대화하지 마십시오.

그들과 오래 앉아 있으면서 그들의 말을 계속 들으면 마음이 자꾸 미혹됩니다. 그들에게 복음을 전하고 빠져 나오십시오. 세상 사람들이 모이면 무슨 말을 하겠습니까?

믿지 않는 말, 부정적인 말을 합니다. 그런 말을 오래 듣고 앉아 있으면 마음이 미혹됩니다. 예수 이름으로 그런 육신의 말과 생각을 물리치고 거기서 나와야 합니다.

"나는 하나님의 자녀다, 오직 믿음으로 산다."

그리고 성령님께 도움을 구해야 합니다.

"성령님, 제가 입을 열어 예수 이름을 말하고 오직 전도만 하게 해주세요. 성령님께서 역사해 주세요."

그러면 당신의 입을 통해 성령님이 말씀하십니다.

"성령님, 제 입을 열어 복음을 말하게 해주세요."

성령님이 당신의 입을 통해 말씀하실 때 그 입에 권세와 능력이 있습니다. 그러려면 평소에 기도를 많이 해야 합니다. 기도하지 않는데 영적인 힘이 나오겠습니까?

기도하지 않으면 내 힘으로 하기 때문에 안 됩니다.

기도하면 성령님이 역사하십니다.

순간마다 성령님께 도움을 구하세요.

"성령님, 오늘도 저와 함께 해주시고 모든 사람 가운데 입을 열어 담대히 복음을 말하게 해주세요."

나는 직장에 다닐 때 매일 그렇게 도움을 구했습니다.

성령님이 함께 하시고 그분과 함께 입을 여니까 아무도 나를 감당하지 못하고 복음을 듣기 시작했습니다. 성령님께 도움을 구하니까 진짜로 성령님이 나를 도우셨습니다.

당신도 변함없이 성령님과 함께 전도하기 바랍니다.

성령님은 믿음을 통해 역사하십니다. 성령님은 예수의 영이시며 우리와 늘 함께 계십니다. 그러므로 당신은 하늘과 땅의 모든 권세를 가지고 복음을 전해야 합니다.

믿음은 막연하게 살아가는 것이 아닙니다.

당신은 하나님의 자녀이며 하나님이 주신 영력과 권세가 있습니다. 귀신은 늘 물 없는 곳으로 다닙니다. 귀신은 틈만 생기면 믿는 자에게도 들어갑니다. 그러므로 틈을 주지 마세요. "마귀에게 틈을 주지 말라"고 했습니다.

항상 깨어 있고 기도를 많이 하십시오. 우리가 이 땅에서 육신을 가지고 사는 동안, 그리고 마귀가 이 땅에 돌아다니는 한 정신을 차리고 항상 깨어 기도해야 합니다.

한 목사님은 이런 말을 했습니다.

"마지막 때에 살아남을 사람이 얼마나 될까?"

다들 영적인 잠을 자고 있다는 것입니다.

주님께서 말씀하십니다. "또한 너희가 이 시기를 알거니와 자다가 깰 때가 벌써 되었으니 이는 이제 우리의 구원이 처음 믿을 때보다 가까웠음이라."(롬 13:11)

때가 악하고 마지막이 가까울수록 우리는 마음을 빼앗기지 않도록 더욱 많이 기도해야 합니다. 천국 가는 날까지 영적인 전쟁을 해야 합니다. 믿지 않는 우리 가족과 친척 친구들을 모두 전도하므로 구원해야 합니다.

나 자신이 먼저 믿음으로 굳게 서야 합니다.

믿음이 있어야 모든 복을 받습니다.

"그러므로 믿음으로 말미암은 자는 믿음이 있는 아브라함과 함께 복을 받느니라."(갈 3:9)

디모데처럼 거짓이 없는 믿음을 가지십시오.

"이는 네 속에 거짓이 없는 믿음이 있음을 생각함이라. 이 믿음은 먼저 네 외조모 로이스와 네 어머니 유니게 속에 있더니 네 속에도 있는 줄을 확신하노라."(딤후 1:5)

바울은 사역에서 버림받지 않도록 자신의 믿음을 확증하라고 했습니다. "너희는 믿음 안에 있는가 너희 자신을 시험하고 너희 자신을 확증하라. 예수 그리스도께서 너희 안에 계신 줄을 너희가 스스로 알지 못하느냐? 그렇지 않

으면 너희는 버림받은 자니라.”(고후 13:5)

구원에서 버림받는다는 말이 아닙니다. “내가 다른 사람을 구원한 후에 나 자신이 버림받을까 두렵다. 그러므로 날마다 내 몸을 쳐서 복종시킨다”고 했는데, 이 말은 구원에서 버림받는다는 말이 아니라 사역에서의 버림을 말합니다. 하나님은 그 사람을 구원에서 버리지 않습니다.

하나님의 은사와 부르심에는 후회하심이 없습니다.

하지만 각 사람이 깨어 기도하지 않으면 미혹되어 스스로 믿음에서 떠나게 됩니다. 데마가 그랬습니다.

디모데후서 4장 12절부터 보면, 제자 다섯 명의 행적이 나옵니다. “데마는 이 세상을 사랑하여 나를 버리고 데살로니가로 갔고, 그레스게는 갈라디아로, 디도는 달마디아로 갔고, 누가만 나와 함께 있느니라. 네가 올 때에 마가를 데리고 오라. 그가 나의 일에 유익하니라. 두기고는 에베소로 보내었노라.” 데마의 길은 가지 말아야 합니다.

예수님이 데마를 버린 것이 아니라 데마 스스로 세상을 사랑하므로 바울의 사역 현장에서 떠난 것입니다.

복음에 죽도록 충성하라

"죽도록 충성하라. 그리하면 내가 생명의 면류관을 네게 주리라."(계 2:10) 무엇에 충성합니까? 단순히 직분이나 교회 봉사가 아닙니다. 복음에 충성하라는 말입니다.

"맡은 자에게 구할 것은 충성이다"라고 했는데, 무엇을 맡았습니까? '하나님의 비밀'입니다. 하나님의 비밀은 곧 '그리스도'입니다. "사람이 마땅히 우리를 그리스도의 일꾼이요 하나님의 비밀을 맡은 자로 여길지어다. 그리고 맡은 자들에게 구할 것은 충성이니라."(고전 4:1~2)

그리스도 복음을 전하다 보면 열매가 보이지 않아 힘든 시기가 있습니다. 그럴 때도 낙심하지 말고 더욱 엎드려 기도하며 하나님의 때를 기다려야 합니다. 죽도록 충성해야 합니다. 그럴 때일수록 더욱 믿음을 지켜야 합니다.

믿음이 없이 어떻게 죽도록 충성할 수 있겠습니까?

주님께서 믿고 맡기신 일을 끝까지 감당하려면 어떤 고난에도 요동치 않는 믿음이 있어야 합니다. 기도하고 구한 것을 받았다고 믿습니까? 그렇다면 의심하지 말고 죽도록 충성하십시오. 반드시 그대로 될 것입니다. 주님께서 당신에게 주신 꿈과 언약이 이뤄진다고 믿습니까? 의심하지 말고 죽도록 충성하십시오. 반드시 그 언약대로 될 것입니다. 믿음이 없이는 하나님을 기쁘시게 할 수 없습니다.

믿음이 있어야 하나님을 기쁘시게 할 수 있고 그 믿음

에 대한 상을 받게 됩니다. 믿음을 굳게 지키십시오.

예수님은 믿음이 없는 제자들을 꾸짖으셨습니다.

왜일까요? 믿음이 있어야 온 천하에 다니며 복음을 전할 수 있기 때문입니다. 믿음이 있어야 예수 이름으로 귀신을 쫓아낼 수 있고 믿음이 있어야 새 방언을 말할 수 있고 병든 사람에게 손을 얹을 수 있기 때문입니다.

믿음이 가장 중요합니다. 예수님은 마가복음 16장에서 '믿는 자들에게 따르는 표적'을 말씀하셨습니다.

"또 이르시되 너희는 온 천하에 다니며 만민에게 복음을 전파하라. 믿고 세례를 받는 사람은 구원을 얻을 것이요 믿지 않는 사람은 정죄를 받으리라. 믿는 자들에게는 이런 표적이 따르리니 곧 그들이 내 이름으로 귀신을 쫓아내며 새 방언을 말하며 뱀을 집어올리며 무슨 독을 마실지라도 해를 받지 아니하며 병든 사람에게 손을 얹은즉 나으리라 하시더라. 주 예수께서 말씀을 마치신 후에 하늘로 올려지사 하나님 우편에 앉으시니라. 제자들이 나가 두루 전파할새 주께서 함께 역사하사 그 따르는 표적으로 말씀을 확실히 증언하시니라." 이 모든 것이 믿음입니다.

무엇을 믿어야 할까요? '예수 이름' 입니다.

예수 이름 안에 다 들어 있습니다. 예수 이름 안에 구원이 있고 축사와 방언과 신유가 다 들어 있습니다.

예수 이름으로 병든 사람에게 손을 얹으십시오. 그러면 회복될 것입니다. 예수 이름으로 귀신을 쫓아내십시오. 그러면 쫓겨 나갈 것입니다. 예수 이름으로 안수하며 새 방언을 말하라고 하십시오. 그러면 방언을 말할 것입니다.

이러한 믿음을 행동으로 옮기십시오. 그럴 때 성령님의 기름 부으심이 당신과 함께 합니다. 말씀과 기도로 무장하십시오. 담대하십시오. 예수님이 당신과 함께 하십니다.

당신을 축복합니다.

예수님의 좋은 일꾼이 되라

당신은 예수님의 좋은 일꾼입니까?

나는 예수님의 좋은 일꾼이며 성령님의 도우심으로 인해 날마다 더 좋은 일꾼이 되어 가고 있습니다.

디모데전서 4장 6절에 "그리스도 예수의 좋은 일꾼이 되라"고 했습니다. '좋은 일꾼'이라는 말은 나쁜 일꾼도 있다는 말입니다. 또한 '그리스도 예수의 일꾼'이라고 할 때 그렇지 않은 마귀의 일꾼과 사람의 일꾼도 있다는 말입니다. 우리는 자신이 어떤 일꾼인지 돌아봐야 합니다.

내가 이 책을 쓰는 첫 번째 목적은 하나님 앞에서 나 자신의 믿음을 점검하고 바로 잡기 위함입니다.

예수님은 항상 자신을 먼저 점검하라고 하셨습니다.

누가복음 6장 42절을 보십시오. "너는 네 눈 속에 있는 들보를 보지 못하면서 어찌하여 형제에게 말하기를 형제여 나로 네 눈 속에 있는 티를 빼게 하라 할 수 있느냐? 외식하는 자여, 먼저 네 눈 속에서 들보를 빼라. 그 후에야 네가 밝히 보고 형제의 눈 속에 있는 티를 빼리라."

나는 내가 깨달음을 얻은 것을 입술로 가르치고 또 이렇게 책을 써냅니다. 이것을 통해 자신을 점검합니다.

하나님을 기쁘시게 하는 것은 믿음이다

그리스도 예수의 좋은 일꾼이 되려면 어떤 말씀을 들어야 할까요? 무엇보다 믿음의 말씀을 들어야 합니다. 믿음이 하나님과의 관계를 맺는데 있어 기본이기 때문입니다.

에베소서 5장 10절에는 "주를 기쁘시게 할 것이 무엇인가 시험하여 보라"고 했습니다. 무엇이 주님을 기쁘시게 할까요? 황소와 송아지의 피가 아닌 '믿음'입니다.

믿음이 있는 사람은 하나님을 찬송하고 예배합니다.

시편 69편 30~31절에 이렇게 말씀합니다. "내가 노래로 하나님의 이름을 찬송하며 감사함으로 하나님을 위대하시다 하리니 이것이 소 곧 뿔과 굽이 있는 황소를 드림보다 여호와를 더욱 기쁘시게 함이 될 것이라.”

믿음이 없이는 하나님을 기쁘시게 할 수 없습니다.

히브리서 11장 6절을 보십시오.

“믿음이 없이는 하나님을 기쁘시게 하지 못하나니 하나님께 나아가는 자는 반드시 그가 계신 것과 또한 그가 자기를 찾는 자들에게 상 주시는 이심을 믿어야 할지니라.”

믿음이 생기려면 믿음의 말씀을 들어야 합니다.

믿음은 들음에서 나기 때문입니다.

믿음의 말씀으로 양육 받으라

“믿음의 말씀과 네가 따르는 좋은 교훈으로 양육을 받으리라.”(딤전 4:6) 당신은 믿음의 말씀으로 양육 받고 있습니까? “믿음의 말씀”은 ‘예수 그리스도와 기노 응답을 믿는 말씀’이고 “좋은 교훈”은 ‘복음에 대한 교훈’입니다.

당신은 오직 믿음의 말씀으로 양육 받아야 합니다.

모든 교훈 중에 가장 좋은 교훈은 복음입니다. 복음을 깨달으니까 마음속에 기쁨과 평안과 생명, 행복과 감사가 가득해진 것이 아니겠습니까? 복음은 예수님이며, 예수의 영이 지금 우리 안에 와서 살고 계신다는 것입니다.

예수를 구주로 믿는 사람은 하나님의 생수의 강이 자기 안에 흐르고 있다는 사실을 알고 믿어야 합니다.

그리고 이렇게 고백해야 합니다.

"나는 복음을 믿는다. 내 안에 성령님이 생수의 강으로 들어와 계신다. 그분이 성경 말씀을 기억나고 생각나게 하신다. 그분이 내게 모든 것을 가르치신다. 내 마음에서 불안과 고통과 염려가 다 떠나갔다. 기쁨과 행복이 넘친다. 그리스도 안에서 부와 귀와 영광과 지혜가 넘친다. 이 모든 것이 내 안에 가득하다. 나는 부요한 자다."

경건함에 이르도록 몸을 훈련하라

"망령되고 허탄한 신화를 버리고 경건에 이르도록 네 자신을 연단하라. 육체의 연단은 약간의 유익이 있으나 경건은 범사에 유익하니 금생과 내생에 약속이 있느니라."(딤전 4:7~8) 당신은 경건을 연습하고 있습니까?

〈새번역성경〉에는 이렇게 나옵니다.

"저속하고 헛된 꾸며낸 이야기들을 물리치라. 경건함에

이르도록 몸을 훈련하라."

육신의 사람들과 미혹의 영들과 귀신들이 가르치는 내용들이 다 '저속하고 헛된 꾸며낸 이야기'입니다.

그런 것을 듣고 말하며 농담 삼아 옮기면 안 됩니다.

"저속하고 헛된 꾸며낸 이야기들을 물리치라"고 했습니다. 사람들의 이목을 끌려고 그런 것을 연구하고 기억했다가 입술로 전달하는 어리석은 자가 되지 마십시오.

그리스도인은 다른 사람을 웃기려고 하는 농담도 조심해야 합니다. 에베소서 5장 4절에 "누추함과 어리석은 말이나 희롱의 말이 마땅치 아니하니"라고 했습니다. 당신에게 마땅치 않은 천박한 일을 왜 하려고 애씁니까?

그런 농담할 시간에 '예수님 이야기'를 하십시오.

이렇게 말씀드리며 성령님께 도움을 구하십시오.

"성령님, 제가 예수님 이야기만 하게 해주세요."

그러면 성령님이 도우실 것입니다.

그리고 바울은 디모데에게 "네 자신을 연단하라"고 했습니다. 무엇을 연단해야 할까요? 부정적인 말과 허탄한 이야기를 하는 혀에 재갈을 물리고 오직 믿음의 말씀과 좋은 교훈을 말하는 혀로 연습하고 훈련하라는 것입니다.

"연단하라"는 말은 '연습하라, 훈련하라'는 뜻입니다.

경건에 이르도록 당신의 몸을 연단하되 그 중에 가장

큰 영향력을 가진 혀를 연단하십시오. 혀로 사람을 살리기도 하고 죽이기도 합니다. 무엇보다 당신의 혀로 남을 저주하는 말을 하지 말고 축복과 찬송의 말을 하십시오.

연약한 자에게 담대함을 주신 하나님, 할 수 없는 것을 할 수 있게 하신 하나님, 믿는 자에게는 능치 못할 것이 없다는 믿음의 말씀을 붙잡고 살아가게 하신 하나님을 입술로 고백하는 연습을 하십시오. 당신은 하나님의 자녀이기 때문에 하나님이 주신 말씀을 붙잡고 살아갈 때 그 말씀이 당신의 믿음이 되고 또 그 믿음대로 다 됩니다.

육체의 연습은 약간의 유익이 있을 뿐입니다. 경건의 연습은 모든 일에 유익합니다. 주님께서 말씀하십니다.

"모든 일에 감사하라. 좋은 일이든 나쁜 일이든 감사하면 기적이 일어난다. 악한 생각과 말에 빠지지 말라."

늘 훈련해야 합니다. 경건의 연습은 금생과 내세에 유익이 있습니다. 이 땅에서 사는 동안에도 혀가 온유한 사람이 복을 받습니다. 성질난다고 내 마음대로 다른 사람에게 화를 내면 복을 받을 수 없습니다. 온유한 자가 되어야 합니다. 기분이 좋으나 나쁘나 늘 온유하십시오.

모세가 처음에는 혈기로 사람을 쳐 죽였지만 호렙 산에서 하나님을 만난 후로는 온유해졌습니다. 그는 80세에 하나님의 부르심을 받아 120세까지 살았는데, 눈도 약해지지 않고 건강했습니다. 성경에 "모세는 온유함이 지면의 모든 사람보다 더하더라"(민 12:3)고 말씀합니다.

모세는 모든 일에 온유한 자였습니다. 당신이 큰 능력을 행하며 기적을 일으키는 것도 중요하지만 그 무엇보다 마음이 온유한 자가 되어야 합니다. 온유한 사람이 자기에게 맡겨진 일을 끝까지 해 나갈 수 있기 때문입니다.

"미쁘다, 이 말이여. 모든 사람이 받을 만하다"(딤전 4:9)고 했습니다. 그리스도 안에 있는 모든 사람은 혀에 재갈을 물리고 경건에 이르는 연습을 해야 합니다.

소망을 살아 계신 하나님께 두라

"이를 위하여 우리가 수고하고 힘쓰는 것은 우리 소망을 살아 계신 하나님께 둠이니 곧 모든 사람 특히 믿는 자들의 구주시라."(딤전 4:10)

당신의 소망을 사람이 아닌 '살아 계신 하나님'께 두어야 합니다. 하나님은 곧 모든 사람 특히 믿는 자들의 구주이십니다. 하나님은 모든 사람을 돌보고 계십니다.

그리고 하나님은 믿는 자들의 구원자이십니다.

예수님은 "하물며 너희일까보냐?"라고 했습니다. 이방

인들과 들에 핀 백합화와 공중 나는 새도 먹이고 입히시는데 하물며 믿는 자들을 돌보지 않겠느냐는 말씀입니다.

우리는 살아 계신 하나님께 소망을 두고 살아야 합니다. 이 땅에서 영원히 사는 것이 아닙니다. 이 땅에서의 삶은 잠깐입니다. 예수를 믿는 사람은 이 땅에서도 행복하게 살지만 죽은 후에 천국에 가서 영원히 살게 됩니다. 그러므로 영원하신 하나님께 소망을 두어야 합니다.

바울은 믿음의 아들 디모데에게 "하나님께 소망을 두고 이 땅에서 믿음으로 살아가라"고 했습니다.

잠시 있다 갈 세상에 마음을 빼앗기지 말아야 합니다.

마음을 빼앗기면 모든 것을 빼앗기게 됩니다.

"너는 이것들을 명하고 가르치라"고 했습니다.

당신도 이것들을 명하고 가르치십시오.

믿는 사람들에게 본이 되라

"누구든지 네 연소함을 업신여기지 못하게 하고 오직 말과 행실과 사랑과 믿음과 정절에 있어서 믿는 자에게 본이 되어 내가 이를 때까지 읽는 것과 권하는 것과 가르치는 것에 전념하라."(딤전 4:12~13)

사람들이 당신의 연소함이나 연약함을 보면서 업신여기지 못하게 해야 합니다. 그러려면 어떻게 해야 할까요?

오직 말과 행실과 사랑과 믿음과 정절에 있어서 믿는 자에게 본이 되어야 합니다. 믿는 자들에게 본이 되는 것은 내 힘과 생각으로 절대로 안 됩니다. 성령님을 의지해야 합니다. 성령님의 능력과 지혜로만 가능합니다.

또한 이 세상 지식으로 남들의 본이 되려고 하지 말고 하나님의 말씀으로 그들의 본이 되려고 해야 합니다.

무엇에 본이 되어야 할까요? 다름 아닌 오직 '믿음'에 있어 본이 되어야 합니다. 사람들은 세상 지식이나 경험을 배우러 교회에 가는 것이 아닙니다. 오직 믿음을 배우러 갑니다. 그렇다면 주의 종은 당연히 믿음의 본이 되어야 하며 '현재 소유형의 믿음'으로 살아야 합니다.

마가복음 11장 24절에 믿음을 말합니다. "그러므로 내가 너희에게 말하노니 무엇이든지 기도하고 구하는 것은 받은 줄로 믿으라. 그리하면 너희에게 그대로 되리라."

어떻게 세상을 싸워 이깁니까? 믿음입니다. "무릇 하나님께로부터 난 자마다 세상을 이기느니라. 세상을 이기는 승리는 이것이니 우리의 믿음이니라."(요일 5:4)

하나님이 당신에게 주신 믿음의 마음을 빼앗기지 않도록 정신을 차리고 기도해야 합니다. 그러려면 믿음의 생각과 말만 해야 합니다. 이렇게 말하십시오.

"오늘도 나는 믿음으로 산다. 나는 모든 것을 이길 수 있다. 사람들에게 오직 믿음의 말씀을 가르치며 양육한다. 처음부터 끝까지 온유한 마음으로 사람들을 양육한다."

내가 먼저 온유한 마음이 되어야 남을 그렇게 되도록 양육할 수 있습니다. 어떤 이는 이렇게 말합니다.

"온유하면 어떻게 사람들을 다스리나요?"

온유한 마음을 가지되 영권 곧 '말씀의 권위'로 사역하면 됩니다. 육신의 권위, 혈기의 권위가 아닙니다.

성령님의 기름 부으심으로 인한 권위입니다.

주님께서는 내게 이렇게 말씀하셨습니다.

"내가 너를 택하여 세웠다. 아무도 너를 업신여기지 못한다. 내 말만 붙들어라. 성령의 충만함을 받으라."

그리고 또 말씀하셨습니다. "창세기부터 요한계시록까지의 기록된 말씀으로 예수를 바로 가르치라."

어떻게 이것이 가능합니까? 성령님이 내게 그분의 믿음과 지혜와 능력을 공급해 주시기 때문에 가능합니다.

우리는 복음의 말씀을 잘 가르치는 자에게 양육을 받아야 합니다. 잘 배우는 자가 잘 가르칩니다.

"내가 이를 때까지 읽는 것과 권하는 것과 가르치는 것에 전념하라"고 했습니다. 여기서 세 가지를 말합니다.

읽는 것과 권하는 것과 가르치는 것입니다. 무엇을요?

세상의 잡다한 것이 아닌 오직 '하나님의 말씀'입니다.

우리는 말씀을 읽는 것과 말씀을 권하는 것과 말씀을 가르치는 것에 전념해야 합니다. 하나님의 말씀을 나만 갖고 있으면 안 됩니다. 내가 말씀을 읽는 중에 깨달음을 얻었으면 그걸 다른 사람에게 권하고 가르쳐야 합니다.

사람은 가르쳐야 바뀝니다. 육신의 생각이 올라오는 대로 살게 내버려 두면 안 됩니다. 당신이 가르치지 않는데 어떻게 그 사람이 하나님의 말씀을 압니까? 계속 가르쳐야 합니다. 가르치는 일에 게으르지 말아야 합니다.

왜일까요? 믿음은 들음에서 나기 때문입니다.

바울이 디모데에게 뭐라고 했습니까?

"성령이 밝히 말씀하기를, 어떤 사람들이 믿음에서 떠난다. 그리고 미혹하는 영과 귀신의 가르침을 따른다."

미혹하는 영과 귀신도 가르치려 드는데 왜 우리가 안 가르칩니까? 이 땅에서의 삶은 '가르침의 싸움'입니다.

예수님도 이 땅에 계실 때 쉬지 않고 가르치셨습니다.

믿음의 말씀을 듣고 기도한 다음, 다른 사람에게도 믿음의 말씀을 가르쳐야 합니다. 항상 깨어 있어야 합니다.

사람의 말을 듣지 말고 하나님의 말씀을 따라 사십시오. 사람을 기쁘게 하기 위해 사람의 말을 듣고 따라가면 사람의 종이지 하나님의 종이 아닙니다.

양심에 화인 맞은 사람은 외식하며 거짓말만 합니다. 그는 미혹의 영과 귀신에게 사로잡혀 있기 때문에 하나님의 말씀으로 양육 받고 회개하려고 안 합니다. 화인 맞은 사람은 예수님의 말씀을 듣기 싫어하며 주의 종의 가르침을 받기 싫어하고 거짓말만 자꾸 지어냅니다. 불쌍합니다.

그런 사람은 인간의 힘으로 굴복시킬 수 없습니다.

강력한 성령님의 나타나심이 있어야 합니다.

성령님은 다 하실 수 있습니다.

말씀을 가르치는 일을 계속 하라

"네가 네 자신과 가르침을 살펴 이 일을 계속하라. 이것을 행함으로 네 자신과 네게 듣는 자를 구원하리라."(딤전 4:16) 왜 계속 가르쳐야 할까요? 이것을 행함으로 당신 자신과 당신에게 듣는 자를 구원하게 되기 때문입니다.

디모데는 이미 영혼 구원을 받은 사람입니다.

그런데 왜 "구원한다"고 했으며 무엇에서 구원한다는 말일까요? 이 내용을 시작한 디모데전서 4장 1절에 나옵니다. 곧 '미혹하는 영과 귀신의 가르침'을 가리킵니다.

이런 가르침에서 자신과 남을 구원한다는 말입니다.

야고보서 5장 20절에 "너희가 알 것은 죄인을 미혹된 길에서 돌아서게 하는 자가 그의 영혼을 사망에서 구원할 것이며 허다한 죄를 덮을 것임이라"고 했습니다.

죄인을 미혹된 길에서 돌아서게 하는 자가 되십시오.

이는 힘으로 능으로 되지 않지만 성령님은 하십니다.

미혹하는 영과 귀신의 가르침 때문에 교회가 몸살을 앓고 있습니까? 그것은 마귀의 공격입니다. 경기에서 한쪽의 공격이 멈추면 다른 쪽의 공격이 시작됩니다.

당신이 공격을 멈추었기 때문에 마귀가 공격하는 것입니다. 그래서 바울은 디모데에게 "멈추지 말고 이 일을 계속하라. 그러면 반드시 이긴다"고 권한 것입니다.

가르칠 때 자신이 먼저 힘을 얻고 모든 것이 명확해집니다. 가르칠 때 듣는 자들도 은혜를 받고 깨어집니다.

당신 자신과 다른 사람들이 세상에 떠내려가지 않도록 말씀을 계속 가르쳐야 합니다. 그 일을 하지 않으면 사람들은 쉽게 세상에서 활동하는 미혹의 영과 귀신의 가르침을 따르게 됩니다. 우리는 하나님의 말씀으로 꾸준히 양육받아야 하며, 모든 소망을 하나님께 두어야 합니다.

신앙생활은 막연하게 기도하고 찬송하며 은혜를 받는 것이 아닙니다. 구체적인 믿음의 말씀과 성령님의 음성을 통해 은혜를 받고 하나님을 찬송하며 예배해야 합니다. 말씀을 전하는 주의 종은 칼이나 위험이나 그 어떤 것도 두려워할 필요가 없습니다. 주님이 함께 하기 때문입니다.

주의 종은 오직 하나님만 두려워해야 합니다.

그러면 모든 사람이 하나님의 말씀 앞에서 굴복합니다.

이 세상에 수많은 사람들이 있지만 그들 중에 영의 사람이 가장 강한 사람입니다. 영의 사람이 되십시오.

성령님과 함께 영의 기도를 많이 하십시오. 영의 기도인 방언은 미혹의 영과 악한 귀신들이 알아듣지 못합니다.

오직 하나님만 알아듣고 신속히 응답하십니다. 그러므로 방언으로 한 시간, 두 시간, 오래 기도하기 바랍니다.

그렇게 영으로 오래 기도하면서 성경을 읽으면 말씀이 깨달아집니다. 그때 성령님이 주시는 말씀을 당신의 마음에 받아 전하며 믿음의 선한 싸움을 해야 합니다. 하나님의 나라는 말에 있지 않고 오직 능력에 있습니다.

무시로 방언 기도를 많이 하면 하나님이 기도 응답을 주시므로 수많은 문제들을 막아 주시고 또 쉽게 해결하게 해주십니다. 나는 직장에 다닐 때도 늘 방언 기도를 했고 또 그런 중에 성령님의 세미한 음성을 듣곤 했습니다.

방언으로 기도를 많이 하면 내 육신이 죽습니다.

"한 알의 밀이 땅에 떨어져 죽어야 많은 열매를 맺는다"

고 했습니다. 이 말씀이 내 삶에 열매를 맺고 있습니다. 나는 인내함으로 30배, 60배, 100배의 결실을 얻고 있습니다. 내 육신이 죽으면 영의 열매를 많이 맺게 됩니다.

나는 하나님 앞에서 뜻을 정했습니다.

'그래, 내가 죽어야지.'

성령님의 인도하심을 받으며 어떤 어려움이 와도 믿음을 지키십시오. 믿음의 씨앗을 뿌렸으면 거두기까지 인내하며 믿음을 지키십시오. 그러면 반드시 하나님의 응답과 복을 받습니다. 하나님의 믿음으로 나아가십시오.

믿음은 뒤로 물러가지 않고 앞으로만 나아갑니다.

한 걸음도 뒤로 물러가지 마십시오.

뜨거웠던 처음 사랑을 회복하라

당신은 처음 사랑을 잃어버리지 않았습니까?

나는 처음 주님을 만난 그 사랑이 계속 불타오르고 있습니다. 하지만 많은 사람들이 처음 사랑을 잃고 그것을 회복하고자 애쓰는 모습을 보게 됩니다. 어떻게 하면 될까요? 요한계시록 2장에 그 비결이 자세히 나옵니다.

"에베소 교회의 사자에게 편지하라. 오른손에 있는 일곱 별을 붙잡고 일곱 금 촛대 사이를 거니시는 이가 이르시되 내가 네 행위와 수고와 네 인내를 알고 또 악한 자들을 용납하지 아니한 것과 자칭 사도라 하되 아닌 자들을 시험하여 그의 거짓된 것을 네가 드러낸 것과 또 네가 참고 내 이름을 위하여 견디고 게으르지 아니한 것을 아노라. 그러나 너를 책망할 것이 있나니 너의 처음 사랑을 버렸느니라. 그러므로 어디서 떨어졌는지를 생각하고 회개하여 처음 행위를 가지라. 만일 그리하지 아니하고 회개하지 아니하면 내가 네게 가서 네 촛대를 그 자리에서 옮기리라. 오직 네게 이것이 있으니 네가 니골라 당의 행위를 미워하는도다. 나도 이것을 미워하노라. 귀 있는 자는 성령이 교회들에게 하시는 말씀을 들을지어다. 이기는 그에게는 내가 하나님의 낙원에 있는 생명나무의 열매를 주어 먹게 하리라.”(계 2:1~7)

여기서 우리는 몇 가지 깨달음을 얻을 수 있습니다.

주의 종이 먼저 변화되어야 한다

“에베소 교회의 사자에게 편지하라.”(계 2:1)

요한계시록에는 지금도 살아 계신 예수님이 일곱 교회의 사자들에게 말씀하신 내용이 자세히 나옵니다.

하나님은 지금도 주의 종에게 말씀하시고 또 주의 종을 통해 교회에 말씀하십니다. 먼저 주의 종이 성령님의 음성을 듣고 회개한 후에 교회에 말씀을 전해야 합니다.

그리고 성도들은 주의 종을 통해 말씀을 들을 때 사람의 말로 받지 말고 하나님의 말씀으로 받고 아멘 해야 합니다. 그러면 그 말씀이 그들 안에서 살아 역사합니다.

바울은 말했습니다. "이러므로 우리가 하나님께 끊임없이 감사함은 너희가 우리에게 들은 바 하나님의 말씀을 받을 때에 사람의 말로 받지 아니하고 하나님의 말씀으로 받음이니 진실로 그러하도다. 이 말씀이 또한 너희 믿는 자 가운데에서 역사하느니라."(살전 2:13)

주의 종들은 잡다한 일을 하지 말고 오로지 기도하는 일과 말씀 사역에 힘써야 합니다. 그럴 때 깨어서 성령님의 음성을 잘 들을 수 있고 또 말씀을 전할 때 강력한 성령님의 기름 부으심이 교회에 나타나게 됩니다.

예수님은 주의 종을 붙잡고 일하신다

"오른손에 있는 일곱별을 붙잡고 일곱 금 촛대 사이를 거니시는 이가 이르시되."(계 2:1) 이분은 전능하신 예수님이십니다. 예수님은 곧 하나님이십니다.

예수님은 일곱별을 손에 붙잡고 일하시는 분입니다.

일곱별은 '일곱 종류의 주의 종'을 말합니다. 그들이 잘하든 못하든 예수님이 손에 잡고 계십니다. 그들을 변화시키는 것은 사람이 하는 일이 아니라 예수님이 하실 일입니다. 어떤 사람은 주의 종을 두고 이렇게 말합니다.

"우리 교회 목사님은 내 마음에 안 들어요. 그분은 실수를 많이 해요. 내가 그분을 어떻게든 변화시킬 거예요."

그것은 교만입니다. 주의 종은 어떤 장로님이나 권사님의 하인이 아닙니다. 오직 하나님의 하인입니다. "남의 하인을 비판하는 너는 누구냐? 그가 서 있는 것이나 넘어지는 것이 자기 주인에게 있으매 그가 세움을 받으리니 이는 그를 세우시는 권능이 주께 있음이라."(롬 14:4)

주의 종을 위해 축복하며 기도하기 바랍니다.

하나님만이 그를 변화시키십니다.

내가 네 행위와 수고와 네 인내를 안다

"내가 네 행위와 수고와 네 인내를 알고 또 악한 자들을 용납하지 아니한 것과 자칭 사도라 하되 아닌 자들을 시험하여 그의 거짓된 것을 네가 드러낸 것과 또 네가 참고 내 이름을 위하여 견디고 게으르지 아니한 것을 아노라."(계

2:2~3) 여기서 "내가"는 예수님을 가리킵니다.

지금은 예수 그리스도의 영이신 성령님이 당신 안에 살아 계십니다. 그분은 모든 것을 아십니다. 그분은 당신의 행위와 수고와 인내를 다 아십니다. 당신이 악한 자들을 용납하지 아니한 것을 아십니다. 자칭 사도라 하되 아닌 자들을 시험하여 그의 거짓된 것을 드러낸 것을 아십니다. 예수 이름을 위하여 견딘 것을 아십니다. 게으르지 아니한 것을 아십니다. 이 모든 것을 다 알고 계십니다.

그러므로 당신은 사람들에게 인정받으려고 하지 말아야 합니다. 당신이 "내가 이렇게 고생하고 있으니 나를 알아주세요"라고 말하는 것은 어리석은 행동입니다.

"주님이 나를 알고 내 모든 행위를 알고 계신다."

주님의 인정과 칭찬만 기대하십시오.

너의 처음 사랑을 버렸느니라

"그러나 너를 책망할 것이 있나니 너의 처음 사랑을 버렸느니라."(계 2:4) 우리는 아무 생각 없이 열심히만 신앙생활하면 하나님이 좋아하실 거라고 여기며 눈에 보이는 예배당에 가서 열심히 봉사하고 헌신합니다.

그러나 예수님이 보실 때는 당신 자신이 교회입니다.

예수님이 말씀하셨습니다. "두세 사람이 내 이름으로 모인 곳에는 나도 그들 중에 있느니라."(마 18:20)

예수님은 불꽃같은 눈동자로 당신의 중심을 보십니다.

자신이 예수를 잘 믿고 있다고 자부하지 말고 항상 예수님이 하신 말씀을 통해 자신을 돌아봐야 합니다.

하나님의 말씀이 모든 것을 드러냅니다.

"하나님의 말씀은 살아 있고 활력이 있어 좌우에 날선 어떤 검보다도 예리하여 혼과 영과 및 관절과 골수를 찔러 쪼개기까지 하며 또 마음의 생각과 뜻을 판단하나니 지으신 것이 하나도 그 앞에 나타나지 않음이 없고 우리의 결산을 받으실 이의 눈앞에 만물이 벌거벗은 것 같이 드러나느니라."(히 4:12~13)

하나님의 말씀을 통해 자신을 점검하기 바랍니다.

주님은 에베소 교회의 사자에게 "네가 모든 것을 잘 했지만 네 가슴은 식어 있다. 네가 처음 사랑을 버렸다"고 책망하셨습니다. 당신도 혹시 그렇지 않습니까?

어디서 떨어졌는지를 생각하라

"그러므로 어디서 떨어졌는지를 생각하고 회개하여 처음 행위를 가지라."(계 2:5) 처음 행위는 오직 믿음이었습니다. 마음으로 믿어 의에 이르고 입으로 시인하여 구원에 이르렀으며 기도와 말씀에 헌신한 것이었습니다.

당신은 어디서 떨어졌습니까? 초대교회 사도들은 자신이 어디서 떨어졌는지를 생각했습니다. 그들은 '매일 구제'를 주된 일로 삼고 종일 그 일을 했던 것입니다.

그로 인해 교회 안에 큰 원망과 혼란이 오자 정신을 차리고 처음 행위를 갖기로 결단하고 이렇게 말했습니다.

"우리는 오로지 기도하는 일과 말씀 사역에 힘쓰리라."(행 6:4) 그들은 회개하고 돌이켰습니다.

우리도 오직 기도와 말씀에 푹 빠져야 합니다. 그러면 주님을 사랑하는 마음이 계속 불타오르게 됩니다.

회개하여 처음 행위를 가지라

"회개하여 처음 행위를 가지라."(계 2:5)

처음 사랑을 회복하기 위해 처음 행위를 가지십시오.

많은 사람들이 자기 잘난 맛에 삽니다. 그들은 자기가 잘하고 있다고 생각하지만 하나님이 보실 때는 전혀 다를

수 있습니다. 사람들이 잘한다고 박수치는 위대한 업적들이 하나님이 보실 때는 아무것도 아닐 수 있습니다.

하나님은 그 모든 것을 먼지처럼 여기십니다.

사람들 앞에서 칭찬받고 있다고 자신이 잘하는 줄로 여기지 마십시오. 예수님은 당신의 중심을 보십니다.

항상 겸손한 마음으로 성령님께 도움을 구하십시오.

자신의 생각과 육신의 기준을 내려놓으십시오.

인간적인 모든 생각을 사로잡아서 하나님의 말씀 앞에 굴복시키고 오직 주의 말씀과 성령을 따라 사십시오.

진리의 성령님은 당신을 진리 가운데로 인도하십니다.

진리는 무엇입니까? 예수님이십니다. 예수님은 어떤 분이십니까? 당신을 뜨겁게 사랑하는 신랑이십니다.

그분이 당신에게 말씀하십니다.

"나는 자나 깨나 너와 함께 있고 모든 일을 너와 함께 하기를 원한다. 나는 온 마음을 다해 너를 사랑한다."

데살로니가전서 5장 10절에 이렇게 말씀합니다.

"예수께서 우리를 위하여 죽으사 우리로 하여금 깨어 있든지 자든지 자기와 함께 살게 하려 하셨느니라."

이것이 예수님의 마음입니다.

이것을 위해 예수의 영이 당신 안에 오셨습니다.

바울은 고린도 교회에 이렇게 말했습니다.

"예수 그리스도께서 너희 안에 계신 줄을 너희가 스스로 알지 못하느냐? 그렇지 않으면 너희는 버림받은 자니라."(고후 13:5) 이 말을 한 바울은 즉시 자신을 돌아보며 이렇게 말했습니다. "우리가 버림받은 자 되지 아니한 것을 너희가 알기를 내가 바란다."(고후 13:6)

처음 행위를 가지려면 어떻게 해야 할까요?

1. 항상 자신을 돌아보라

항상 자신을 돌아봐야 합니다. 내가 책을 쓰는 것도 다른 사람을 비판하고 판단하기 위함이 아닙니다. 나를 돌아보기 위함입니다. 어떤 이는 설교를 들으면서 생각합니다.

'저 말씀은 다른 사람에게 필요한 거야.'

그리고 아내와 남편, 자녀와 친구를 떠올립니다.

그렇지 않습니다. 주의 종을 통해 수시는 하나님의 말씀은 모두 나를 위해 있습니다. 설교를 들을 때 남의 눈에 있는 티가 아닌 내 눈 속에 있는 들보를 깨달아야 합니다.

예수님은 누가복음 6장 41절에 말씀했습니다.

"어찌하여 형제의 눈 속에 있는 티는 보고 네 눈 속에 있는 들보는 깨닫지 못하느냐?"

성령님은 형제의 눈 속에 있는 티를 보게 하시는 분이

아닙니다. 그것은 마귀와 육신이 하는 일입니다. 성령님은 자신의 눈 속에 있는 들보를 깨닫게 하시는 분입니다.

왜 자신의 눈 속에 있는 들보를 깨닫게 하실까요?

"회개하고 처음 사랑을 가지라"는 것입니다. 주님을 사랑하는 사람은 주님밖에 안 보입니다. 다른 사람의 일에 상관하지 않습니다. "네게 무슨 상관이냐?"(요 21:22)

성령님을 의지하며 그분께 도움을 구하십시오.

2. 성령님의 음성을 따라 살라

오직 성령님의 음성을 따라 살아야 합니다.

성령님은 세미한 음성으로 말씀하십니다. 그분이 말씀하신 것은 그분이 책임지십니다. 그 음성에 순종하십시오.

내 생각은 흔들리지만 성령님의 생각은 어떤 상황에도 흔들리지 않고 견고합니다. 오직 성령님의 음성을 따라 사십시오. 그러면 처음 사랑을 평생 잃지 않습니다.

그렇지 않고 사람의 음성을 따라 살면 다 잃습니다.

당신은 어디에서 처음 사랑을 잃었습니까?

사람마다 다양한 이유가 있겠지만, 처음 사랑을 잃게 하는 마귀의 계책 중에 하나가 '율법주의 가르침'과 '부정적인 말'입니다. 율법주의 가르침을 들으면 율법주의에 빠져 처음 사랑을 잃게 되고 부정적인 말을 들으면 의심이 가득해져서 처음 가졌던 순수한 믿음을 잃게 됩니다.

마귀는 생각을 통해 틈을 탑니다. 마귀는 지금도 우는 사자 같이 두루 다니며 삼킬 자를 찾고 있습니다.

그는 믿음의 사람을 찾아 믿음을 떨어뜨리고 또 예수님을 사랑하는 사람을 찾아 그 가슴이 식게 만듭니다.

당신은 마귀를 대적하며 성령님을 의지해야 합니다.

예수 이름으로 명령하십시오. "마귀야, 물러가라."

당신이 성령님을 의지하면 그분이 당신의 입술을 통해 전도하고 설교하고 찬송하고 기도하게 하십니다. 그런 입술의 말에는 권세와 능력이 있습니다.

당신의 혀는 어떤 혀입니까? 혹시 저주하고 원망하는 혀가 아닙니까? 기도하고 찬송하는 혀가 되십시오.

오직 믿음의 말만 하십시오. 부정적인 말은 하지도 말고 듣지도 말고 옮기지노 마십시오. 부정적인 사람과 사귀지 말고 멀리 두십시오. 예수 이름으로 명령하며 산을 옮기는 믿음의 혀가 되십시오. 그래아 복을 받습니다.

나는 자녀들에게도 오직 믿음의 말만 해줍니다.

그 말을 들은 자녀들은 믿음으로 실천합니다. 그렇게 믿음으로 행하면 믿음대로 모든 것이 다 잘됩니다.

"죽고 사는 것이 혀의 힘에 달렸나니 혀를 쓰기 좋아하는 자는 혀의 열매를 먹으리라"(잠 18:21)고 했습니다.

죽고 사는 것이 혀의 힘에 달려 있다는 것입니다.

입으로 생명의 말과 믿음의 말만 해야 합니다.

육신의 말과 부정적인 말은 하지 말아야 합니다.

당신의 마음에 믿음으로 가득 채우고 믿음의 말만 하십시오. 인생은 믿음의 말대로 됩니다.

"네 믿은 대로 될지어다."(마 8:13)

3. 자나 깨나 예수 이름만 생각하라

자나 깨나 예수 이름만 생각해야 합니다.

당신은 종일 무엇을 생각합니까? 사람마다 자신이 사랑하는 것을 종일 생각합니다. 예수님을 사랑하는 사람은 자나 깨나 예수 이름만 생각합니다. 사랑에 푹 빠져 연애하는 사람이 자나 깨나 애인을 떠올리는 것과 같습니다.

나는 예수님을 사랑하기 때문에 오직 예수 이름만 떠올립니다. 온 천하에서 가장 귀한 이름이 예수 이름입니다.

예수 이름보다 큰 이름은 없습니다. 예수 이름에 권세가 있습니다. 마귀는 예수 이름을 두려워합니다.

말에나 일에나 다 주 예수 이름으로 하십시오.

골로새서 3장 17절에 "또 무엇을 하든지 말에나 일에나

다 주 예수의 이름으로 하고 그를 힘입어 하나님 아버지께
감사하라”고 했습니다. 날마다 우리의 혀에서 다른 이름이
아닌 예수, 예수, 예수가 나와야 합니다.

그리고 예수 이름으로 무엇이든지 구해야 합니다.

예수님이 말씀하셨습니다.

“내가 진실로 진실로 너희에게 이르노니 나를 믿는 자
는 내가 하는 일을 그도 할 것이요 또한 그보다 큰일도 하
리니 이는 내가 아버지께로 감이라.”(요 14:12)

4. 예수 이름으로 무엇이든지 구하라

예수 이름으로 무엇이든지 구해야 합니다.

사람이 어떻게 하나님의 일을 할 수 있겠습니까?

오직 기도 응답을 통해서입니다. 당신이 예수 이름으로
구하면 예수님이 행하십니다. “너희가 내 이름으로 무엇을
구하든지 내가 행하리니 이는 아버지로 하여금 아들로 말
미암아 영광을 받으시게 하려 함이라. 내 이름으로 무엇이
든지 내게 구하면 내가 행하리라.”(요 14:13~14)

이것은 엄청난 말씀입니다.

예수 이름으로 무엇이든지 구하면 예수님이 직접 행하
신다고 했는데, 왜 예수 이름으로 무엇이든지 구하지 않습

니까? 당신 스스로 피땀 흘려 뭔가를 이루려고 하지 말고 하나님께 기도하고 응답 받으므로 큰일을 해야 합니다.

우리는 기도 응답을 통해 큰일을 할 수 있습니다.

그렇지 않고 인간적인 힘과 노력으로 주님을 위해 큰일을 하려고 애쓰다 보면 기도와 말씀을 소홀히 하게 되고 그러면 예수님을 향한 뜨거운 처음 사랑을 잃게 됩니다.

사람들을 위해 기도할 때도 예수 이름으로 구하면 예수님이 행하십니다. "하나님, 자녀를 축복하소서. 예수 이름으로 구하오니 믿음의 배우자를 만나게 하시고 믿음이 좋은 교회를 다니게 해주세요"라고 구하면 됩니다.

남편을 위해서 기도할 때도 예수 이름으로 구하십시오. 그러면 예수님이 남편에게 일을 행하실 것입니다.

"예수 이름으로 구하라."

여기에는 아무 제한이 없습니다. 오늘부터 기도할 때 예수 이름을 많이 사용하기 바랍니다.

우리는 전능하신 하나님의 자녀입니다. 하나님의 자녀 안에 성령님이 예수 이름을 가지고 오셨습니다.

예수님이 말씀하셨습니다.

"내 이름으로 구하라. 그러면 내가 행하겠다."

이 말씀을 암송하십시오. "내 이름으로 무엇이든지 내게 구하면 내가 행하리라."(요 14:14)

재정에 대한 것도 제한하지 말고 구하십시오. 당신이 복음을 위해 사는데 왜 예수 이름으로 큰 재정을 구하지 않습니까? 담대한 믿음으로 이렇게 기도하십시오.

"하나님, 제가 복음을 위해 살고 있습니다. 저에게 재정의 복을 주셔서 돈 때문에 어려움을 당하지 않게 해주세요. 큰 재정을 주셔서 많은 영혼을 구원하게 해주세요."

무엇을 먹을까 마실까 입을까는 기본이기 때문에 주님께서 조금도 염려하지 말라고 하셨습니다.

한 번뿐인 소중한 인생을 먹고 사는 일에 매여 다람쥐 쳇바퀴 돌듯이 살면 안 됩니다. 영적인 일을 하면서 복음을 위해 살아야 합니다. 큰 재정을 구하십시오.

당신이 얻지 못한 것은 구하지 않았기 때문입니다.

당신이 기도할 때 그것을 듣고 행하는 분은 하나님이십니다. 기도하지 않으면 아무것도 얻을 수 없습니다.

주님은 "너희 말이 내 귀에 들린 대로 내가 행하리라"고 하셨습니다. 모든 문제를 기도로 주님께 맡겨야 합니다.

이 땅에서 사는 동안 복음 선도를 위해 큰일을 해야 힙니다. 그 일을 내 육신의 힘으로 하면 예수님을 향한 처음 사랑이 식지만 기도 응답을 통해 하면 변함없이 예수님을 뜨겁게 사랑할 수 있습니다. 기도하십시오.

당신의 생각을 버리고 하나님의 생각으로 사십시오.

더러운 것, 악한 것은 예수 이름으로 꾸짖으십시오.

"더러운 영아, 악한 영아, 예수 이름으로 떠나라."

예수 이름으로 마귀를 대적하십시오.

네 촛대를 그 자리에서 옮기리라

"만일 그리하지 아니하고 회개하지 아니하면 내가 네게 가서 네 촛대를 그 자리에서 옮기리라."(계 2:5)

"네 촛대"는 '그가 섬기는 교회'를 말합니다. 처음 사랑을 회복하기 위해 처음 행위를 갖고 회개하지 않으면 예수님이 직접 가서 그의 촛대를 옮기신다는 것입니다.

주의 종을 옮기는 것이 아니라 성도들을 옮기십니다.

예수님을 사랑하는 주의 종에게는 성령님의 기름 부으심이 계속 흐릅니다. 그런 자에게 하나님의 성령이 초자연적인 기쁨과 평안을 줍니다. 예수님은 제자들에게 "나의 평안을 너희에게 준다. 나의 기쁨을 준다"고 하셨습니다.

하지만 주님을 사랑하는 뜨거운 마음이 식어 영혼이 곤고해지면 모든 것이 짜증나고 싫어지고 부담됩니다.

나도 언제 떨어질지 모르기 때문에 항상 나 자신을 돌아보며 회개합니다. 그렇게 자신을 돌아볼 때 자신을 죄인이라며 책망하거나 깊은 근심에 빠지면 안 됩니다.

우리는 믿음으로 '의인'이 되었습니다. 의인은 앞으로 달려가는 사람입니다. "의인이 믿음으로 살리라"고 했습니다. 어떤 상황에서도 믿음은 변함없어야 합니다.

그렇게 믿음이 가득한 사람은 자신에게 '사랑'이 가득한지도 점검해야 합니다. 믿음은 좋은데 주님을 사랑하지 않는 사람이 있습니다. 바울은 고린도 교회에 "사랑을 추구하라"고 했습니다. 이 사랑은 '이웃 사랑'이 아닙니다.

예수님을 사랑하는 마음을 말합니다. 그들은 믿음이 좋아 은사가 많이 나타났지만 사랑이 식어 있었습니다.

바울은 고린도전서 13장에 "사랑은 오래 참고 온유하며"라고 말하며 사랑의 속성을 나열했는데 이 모두 이웃 사랑이 아닌 예수님 사랑에 대한 내용입니다. 그리고 영의 기도인 방언을 강조했습니다. 영으로 기도할 때 주님을 사랑하는 마음이 뜨거워진다는 것입니다. 방언 기도는 "자신의 덕을 세운다"고 했으므로 믿음의 집을 짓기도 하지만 사랑의 기운으로 집안을 따뜻하게 하는 역할도 합니다.

주의 종은 주위 사람들이 무슨 비판을 하든지 그런 말에 주눅들 필요가 없습니다. 그리고 주의 종은 예수님의 신부이기 때문에 항상 사랑이 가득하고 가슴이 따뜻해야 합니다. 그의 영이 성령의 불로 활활 타올라야 합니다.

나도 이것을 미워하노라

"오직 네게 이것이 있으니 네가 니골라 당의 행위를 미워하는도다. 나도 이것을 미워하노라."(계 2:6)

사람은 어떤 것이 옳고 그른지 모를 때가 많습니다.

지혜롭게 잘 분별해야 하는데 그 기준이 무엇일까요?

오직 예수님입니다. 이렇게 생각하십시오.

'예수님이 이 일을 좋아하실까? 미워하실까?'

그것만 생각하면 됩니다. 예수님이 기준입니다.

어떤 사람도 옳다고 장담할 수 없습니다. "그런즉 선 줄로 생각하는 자는 넘어질까 조심하라"(고전 10:12)고 했습니다. 이 말씀은 '누구나 넘어질 수 있다'는 것입니다.

자신이 잘 믿는다고 하지만 순간 마귀를 통해 생각이 미혹될 수 있습니다. 그럴 때 빨리 깨닫고 돌이켜 회개해야 합니다. "마귀에게 틈을 주지 마라"고 했습니다.

기도와 말씀으로 자신을 무장해야 합니다. 그리고 악한 마귀를 대적해야 합니다. "마귀를 대적하라"고 했습니다.

순간마다 성령님을 의지하십시오.

이렇게 기도하십시오. "성령님, 제가 고쳐야 할 부분이 있다면 깨닫게 해주세요. 지혜와 총명을 주세요."

성령님이 주시는 지혜와 계시의 정신으로 당신의 믿음

을 지켜 나가십시오. 주님께서 말씀하십니다.

"네가 회개하지 않고 계속 그 악한 길로 가면 내가 가서 너의 촛대인 교회 성도들을 다른 곳으로 옮기겠다."

촛대는 교회입니다. 교회는 예배당이 아닙니다.

'믿는 자들의 모임'입니다. 믿는 자들을 다른 곳으로 옮기겠다는 말씀입니다. 그래서 성도들이 무더기로 다른 곳으로 옮기는 경우가 있습니다. 눈에 보이는 것만 갖고 "우리 교회가 둘로 나눠졌어요"라고 하는데, 아닙니다.

예수님이 그곳에 가셔서 직접 촛대를 옮기고 계신 것일 수도 있습니다. 그러므로 주의 종들은 회개해야 합니다.

그리고 날마다 이렇게 고백해야 합니다.

"예수님, 사랑합니다. 많이 사랑합니다."

예수님이 그 곳에서 촛대를 옮기시면 주의 종은 아무것도 아닙니다. 주의 종을 옮긴다고 하지 않았습니다. 주의 종은 그 자리에 가만 두고 촛대인 성도들을 옮긴다고 했습니다. 예수님은 주의 종을 그대로 가만 두십니다.

성령님의 음성을 듣고 돌이키라

"귀 있는 자는 성령이 교회들에게 하시는 말씀을 들을

지어다.”(계 2:7) 당신은 성령님의 음성을 잘 듣고 있습니까? 성령님은 입이 있어 지금도 말씀하시는데 왜 당신은 귀를 막고 그분이 하시는 말씀을 안 들으려고 합니까?

귀를 활짝 열고 성령님의 음성을 듣고 돌이키십시오.

많은 사람들은 자기와 함께 계신 성령님이 말 못하는 우상과 같다고 여깁니다. 어떤 이는 이렇게 말합니다.

“성령님의 음성을 들었다고 말하는 사람을 조심해야 해. 그게 마귀의 음성인지 자신의 음성인지 어떻게 알아?”

성령님의 음성을 듣는 것이 그렇게 두렵습니까?

예수님은 “내 양은 내 음성을 듣는다”고 하셨습니다.

요한복음 10장 27절을 보십시오. “내 양은 내 음성을 들으며 나는 그들을 알며 그들은 나를 따르느니라.”

당신이 예수님의 양이라면 예수님의 음성을 들어야 합니다. 예수님은 당신을 아십니다. 당신은 예수님의 음성을 듣고 그분을 따라야 합니다. 신앙생활은 성경책과 성령님, 두 가지가 다 있어야 합니다. 한 가지만 갖고 안 됩니다.

하나님은 우리에게 성경책과 성령님을 주셨습니다.

왜 한 가지만 고집합니까? 성령님은 내 안에 살아 계신 예수 그리스도의 영이십니다. 성령님을 인정하십시오.

오늘날 주의 종들과 교회들은 성령님이 주시는 말씀을 들어야 합니다. 성경을 읽을 때도 성령님께 깨달음을 달라고 도움을 구해야 합니다. 설교할 때도 성령님을 모시고 강단에 올라가야 합니다. "성령님, 함께 가시지요."

우리가 예수님을 뜨겁게 사랑하는 방법은 인간의 힘과 능에 있지 않고 오직 성령님을 의지하는데 있습니다.

성령님은 지금도 당신에게 말씀하십니다.

"성령이 교회들에게 하시는 말씀을 들으라"고 할 때 "교회들"은 '예배당'이 아닙니다. 성령님은 예배당에 말씀하지 않고 교회에 말씀하십니다. 성경에서 말하는 교회는 '예수 이름을 믿고 영혼이 구원받은 그리스도인들의 모임'을 의미합니다. 성령님은 인격체이시며, 교회도 인격체입니다. 세상에 교회는 하나이며 머리도 하나입니다.

바울은 말했습니다. "온 몸은 머리이신 그리스도께 속해 있으며, 몸에 갖추어져 있는 각 마디를 통하여 연결되고 결합된다. 각 지체가 그 맡은 분량대로 활동함을 따라 몸이 자라나며 사랑 안에서 몸이 건설된다."(엡 4:16)

그렇습니다. 우리는 교회의 주인이자 머리이신 그리스도의 영 곧 성령님과의 인격적인 사귐이 있어야 합니다.

살아 계신 성령님이 교회에 말씀하십니다.

그분의 음성에 귀를 기울이십시오.

날마다 승리하는 삶을 살라

"이기는 그에게는 내가 하나님의 낙원에 있는 생명나무의 열매를 주어 먹게 하리라."(계 2:7)

당신은 날마다 이기는 삶을 살고 있습니까? 우리는 어쨌든 영적 전쟁에서 꼭 이겨야 합니다. 지면 끝장입니다.

이기려면 성령님의 음성을 들어야 합니다.

"우리의 씨름은 혈과 육에 대한 것이 아니요"라고 했기 때문입니다. 영적 전쟁에서 이기기 위해 기도와 말씀이 필요합니다. 혈과 육을 상대하는 것은 아무 소용없습니다.

마귀와 귀신들은 영물입니다. 눈에 보이지 않는 영적인 존재들을 상대하려면 눈에 보이지 않는 하나님이신 성령님의 도우심을 받아야 합니다. 마귀의 계책을 이길 수 있는 분은 성령님밖에 없습니다. 마귀는 사람을 통해 당신을 유혹합니다. 마귀에게 시험 들면 자기만 손해입니다.

오직 성령님의 인도하심을 따라 사십시오.

그러면 날마다 승리하게 될 것입니다.

믿음의 말만 하라

초판 1쇄 인쇄 | 2024년 9월 5일
초판 1쇄 발행 | 2024년 9월 10일

지은이 | 김향숙

발행인 | 김사라
발행처 | 날개미디어
등록일 | 2005년 6월 9일, 제2005-44호
주소 | 서울특별시 송파구 백제고분로9길 6(잠실동, A동 3층)
전화 | 02)416-7869
메일 | wgec21@daum.net

종이책 ISBN : 979-11-92329-45-1. 03230
전자책 ISBN : 979-11-92329-46-8. 05230

종이책값 20,000원
전자책값 20,000원